お寺の掲示板　諸法無我

江田智昭

新潮社

JN003164

はじめに

　お寺の門前にいつも寂しげに置かれている掲示板。その掲示板を使用した布教活動は、少なくとも百年以上の歴史があると言われていますが、近年は衰退傾向にありました。確かに、掲示板に紙を張り出して行う布教活動はかなりアナログなものであり、時代遅れと言われても仕方ないかもしれません。

　しかし、現在その「お寺の掲示板」が再び脚光を浴び始めています。きっかけとなったのが二〇一八年に始まった「輝け！お寺の掲示板大賞」。これは、掲示板の写真をSNS（ソーシャル・ネットワーキング・サービス）のツイッターやインスタグラムに投稿し、そのメッセージの有難さやインパクトなどによって賞を決めるという実にシンプルな企画です。

　二〇一八年の開始当初から広告費がゼロの超低予算企画にもかかわらず、これまでテレビ・ラジオ・新聞・インターネットなどのメディアで数多く取り上げられました。NHKの『宗教の時間』から『タモリ倶楽部』（テレビ朝日系）まで幅広いジャンルの番組で特集が組まれましたが、どんな番組でもしっかりフィットしてしまうところが「お寺の掲示板大賞」の凄いところです。

　そして、現在では日本だけでなく、中国でも掲示板大賞の投稿作品が多数翻訳され、現地のネットメディアで話題を呼んでいます。日本のお寺の掲示板の言葉が、昔から短い格言を好む中国人たちの心に強いインパクトを与えているようです。その影響か、二〇一九年には中国の福建省で開催された仏教シンポジウムに招かれ、掲示板大賞に関しての発表をする機会がありました。

企画立案者の私としては「お寺の掲示板大賞」がここまでの広がりを見せるとは全く想像していませんでした。これはひとえに掲示板大賞に関わってくださった寺院関係者や投稿者の皆様のおかげであり、普段から掲示板を書かれている方々の布教に対する熱意が掲示板大賞をここまで大きくしたのだと思っています。

本書で取り上げている掲示板の言葉は、二〇一九年・二〇二〇年に開催された「輝け！お寺の掲示板大賞」の投稿作品です。どの作品もそれぞれのお寺の関係者が考え抜いて書かれていますので、それぞれの言葉の意味をじっくりと味わっていただければ幸いです。

前作『お寺の掲示板』を読んだ方は既にご存じのことと思いますが、本書での掲示板の並びに特別深い意味はありません。まずはパラパラとめくって、自分の気になる作品を見つけて、その解説から読み進めていただいて構いません。

無造作に並べられた掲示板の中に生きる上でのヒントが必ず含まれていると思います。読み返すたびに心に刺さる言葉が変わったり、最初読んだときは全くピンとこなかった言葉にいつか救われる瞬間が来るかもしれません。それが掲示板の言葉の奥深さでもあります。

お寺の掲示板は主にお寺の入り口に設置されています。掲示板の言葉を通して仏教に関心を持ち、さらに仏教の教えの奥深くに入っていただければ、これ以上の喜びはありません。

二〇二一年八月

江田智昭

目次

カバー写真［表］：雲西寺（大分）
［裏］：（右上から時計回り）恩栄寺（石川）、
築地本願寺（東京）、龍岸寺（京都）、
永明寺（福岡）、延立寺（東京）
本扉写真：龍雲寺（東京）
撮影協力［本扉］：細川晋輔（龍雲寺住職）
撮影［本扉］：筒口直弘（新潮社写真部）

一今！

1

人間の本性

明導寺（熊本）
投稿者：azusa0225mike

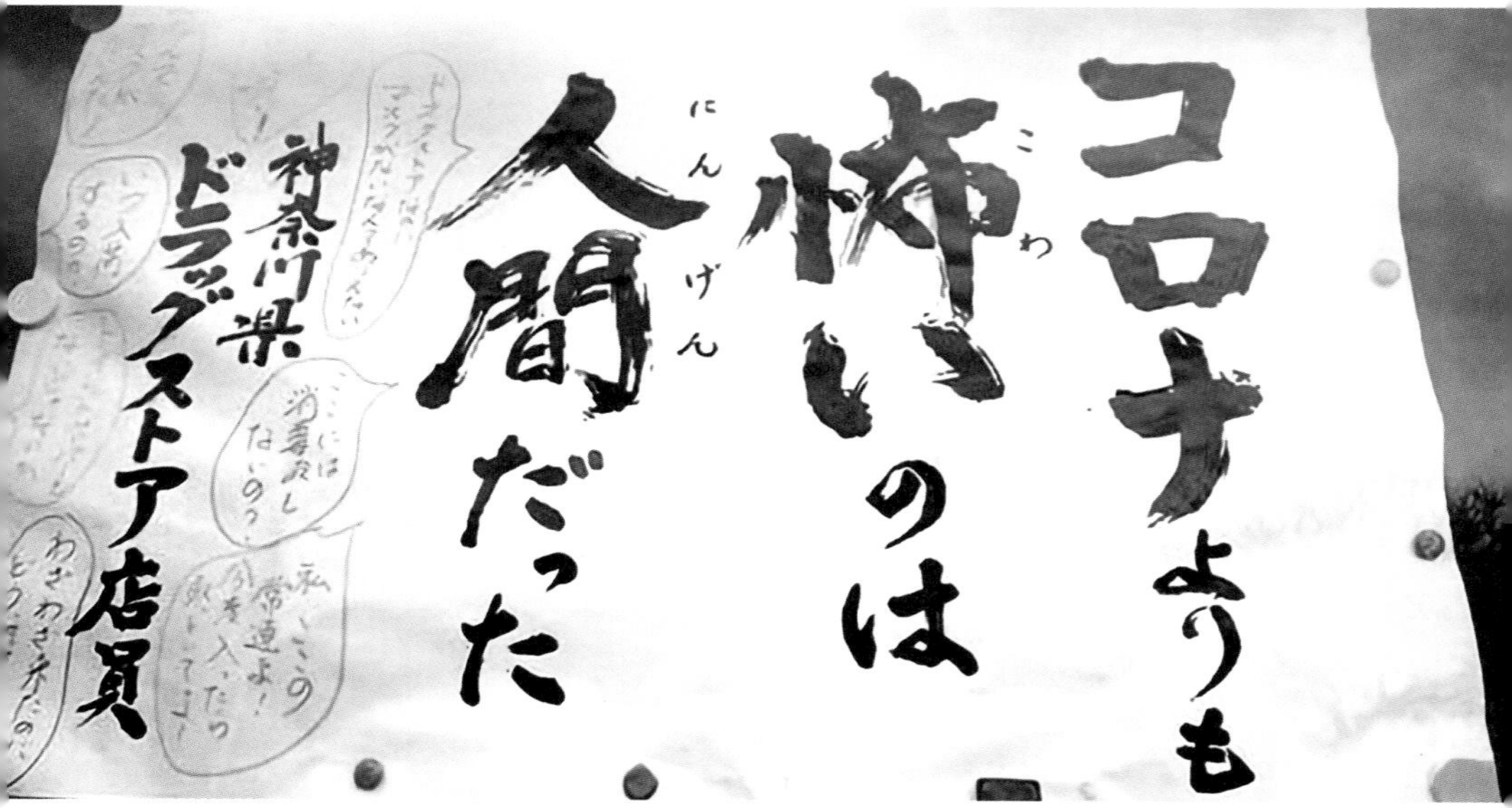

最初の作品は、熊本県球磨《くま》郡《ぐん》湯前《ゆのまえ》町《まち》にある明導寺の掲示板を選びました。これは「輝け！お寺の掲示板大賞２０２０」の大賞作品です。明導寺周辺の人吉（球磨）盆地の東端部から下流域では、二〇二〇年七月三日夜から四日にかけて平年の一か月分の降水量が観測され、「令和二年七月豪雨」の被災地となりました。

　掲示板の言葉は同年二月にドラッグストアの店員さんがツイッターでつぶやいたもの。当時ネットニュースで大きな反響を呼んだので記憶している方も多いかもしれません。

　非常時には、普段隠されている人間の醜い内面が強く表れます。この言葉がツイートされたのは新型コロナウイルスが猛威を振るい始めた頃で、多くの人々がマスクを求めて殺気立った雰囲気がありました。皆が少しでも他人を思いやる気持ちがあれば、このような言葉が話題になることはなかったと思います。しかし、当時はその余裕がなかったのです。余裕をなくした状態。それはある意味、人間の本性を示したものであると言えます。

　おそらくこの掲示板の「人間」という言葉を見て、ほとんどの人が傍若無人な振る舞いをする「他人」の姿を瞬時にイメージしたのではないでしょうか。「自分」のひどい振る舞いには気づかなくても、他人のひどい振る舞いは非常によく見えます。自分も「人間」のはずですが、勝手に自分自身をそこから除外し、多くの人が無意識に「コロナよりも怖いのは他人だった」と心の中ですり替えてしまうのです。

　浄土真宗の信仰が篤い妙好人《みょうこうにん》と呼ばれる人たちの中に、浅原才市《さいち》さんという方がいました。ある有名な画家が、晩年の浅原才市さんの肖像画を描いた際、才市さんは出来上がった作品を目にして、「こんな立派な肖像画は私ではない」と言い放ったそうです。

描き直された肖像画が現存していますが、なんと、頭に二本のツノが生えています。なぜこのようになったかというと、「頭に鬼のツノを描いてください。人の心を突き刺し、他人を傷つけてしまう恐ろしいツノです」と才市さんが画家に強く言ったからだそうです。

付け加えられたツノ付きの肖像画を見て、才市さんは大変満足げだったと伝えられています。おそらく才市さんは、仏教の教えに深く触れる中で、他者を平気で傷つける愚かで醜い姿が自分自身の本当の姿（本性）であるということを強く自覚したのでしょう。

親鸞聖人が著した『愚禿鈔《ぐとくしょう》』の中にも「愚禿が心は、内は愚にして外は賢なり」という言葉が出てきます。これは「愚禿と名乗る私の心の内面は愚かでありながら、外見は賢く振る舞って生きている」という意味です。この言葉から親鸞聖人も心の中に愚者の自覚が強くあったことが分かります。

インターネットなどで非常に多くの情報を集めることができる現代の私たちは、外見はいかにも賢そうに振る舞っています。しかし、教えに学び、深く味わうことによって賢くなるのではなく、心の内面の愚かさに気づくようになるというのが仏教の教えです。

私たちは誰しも、才市さんと同じように他者を傷つけるツノを心の裡に持っています。他人の醜い本性や振る舞いに目を向ける前に、仏教を通して「コロナよりも怖いのは自分だった」と気づくことが大切なのかもしれません。

2

儚いからこそ美しい

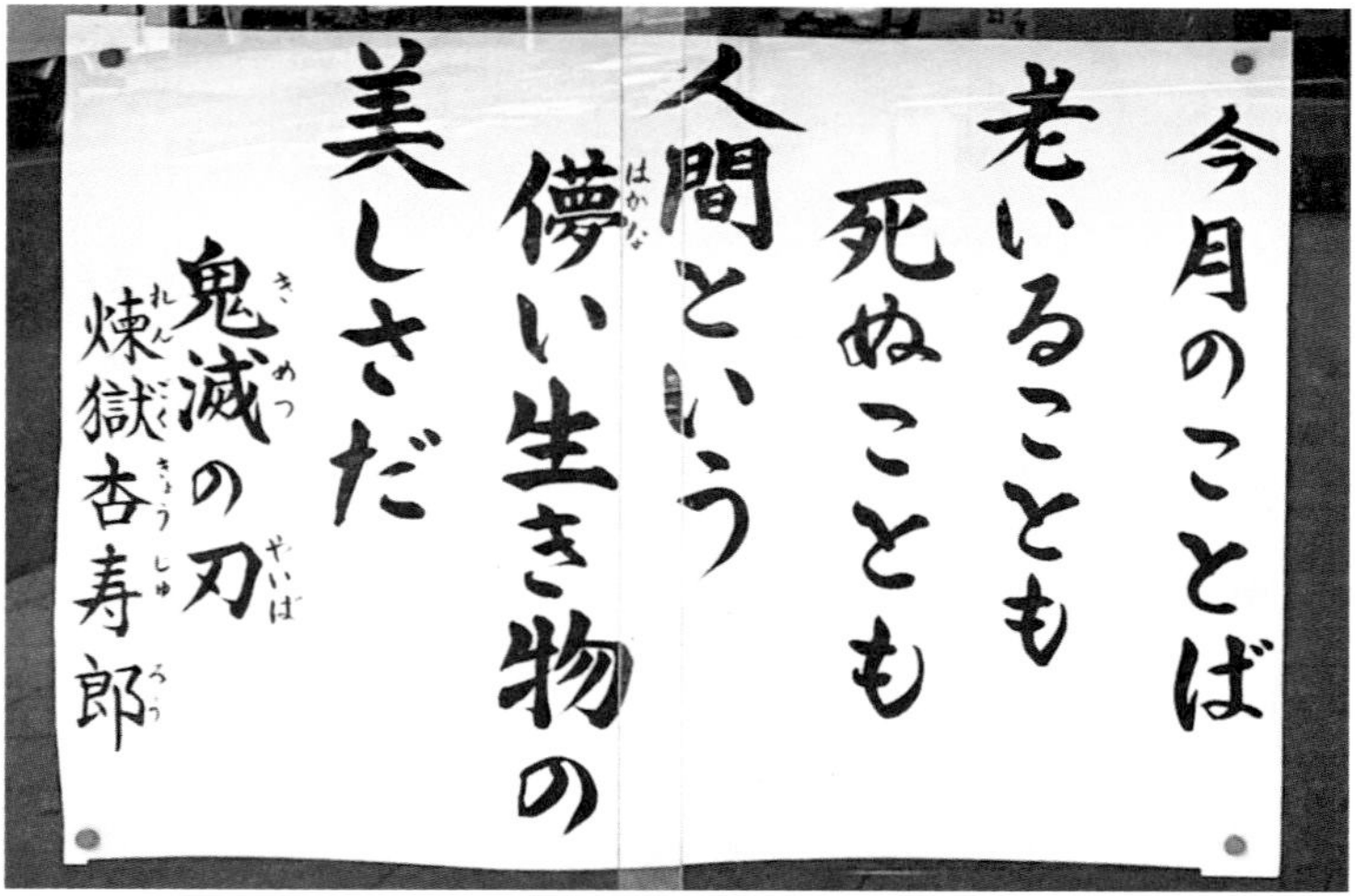
今月のことば
老いることも
死ぬことも
人間という
儚《はかな》い生き物の
美しさだ
鬼《き》滅《めつ》の刃《やいば》
煉《れん》獄《ごく》杏《きょう》寿《じゅ》郎《ろう》

西本願寺鹿児島別院（鹿児島）
投稿者：hongwanji.kagoshima.betsuin

『劇場版「鬼滅の刃」無限列車編』は二〇二〇年十月に劇場公開され、日本歴代映画興行収入第一位、年間興行収入（二〇二〇年公開映画）でも世界第一位を記録しました。

大ヒットとなったこの作品の中で涙を誘うのが、「柱」と呼ばれる鬼殺隊の幹部で、鬼の攻撃の前に命尽きようというときに母の面影と語り合う煉獄杏寿郎《れんごくきょうじゅろう》の姿です。敵方である鬼の猗窩座《あかざ》から「死も老いもない鬼にならないか？」と仲間入りを誘われるのですが、そのときの彼の名ゼリフがこの言葉です。

彼はその誘いをキッパリと断りつつ、「老いることも死ぬことも人間という儚い生き物の美しさだ。老いるからこそ死ぬからこそ、たまらなく愛おしく尊いのだ」と説くのです。

すべての人間は、残念ながら「老いること」や「死ぬこと」から逃げることができません。お釈迦さまは若い頃物思いにふける性格であったようで、「老」や「死」の問題に関しても深刻に悩んでおられました。出家する動機となった「四門出遊《しもんしゅつゆう》」という故事にも、そのことが非常によく表れています。

お釈迦さまはシャーキヤ国の王子として城の中で何不自由ない生活を送っていましたが、あるとき東門で老人に、南門で病人に、西門で死者に出会います。そのとき老・病・死という直面しなければならない人間の苦しみについて深く考え込んでしまい、城外に遊びに行くどころではなくなってしまいました。そして、北門で立派な出家者と出会い、出家者に憧れを抱くようになったお釈迦さまはついに出家を決意するのです。

この「四門出遊」のエピソードは、お釈迦さまが「生老病死」という苦しみを克服するために出家されたということを示唆しています。お釈迦さまは、その後六年間の修行を経て、三十五歳のときに悟りを開きます。そして、四十五年にわたって人々に教えを説き続けるわけですが、死を目前にしたときに以下の言葉を残されました。

アーナンダよ。ヴェーサーリーは楽しい。ウデーナ霊樹の地は楽しい。ゴータマカ霊樹の地は楽しい。七つのマンゴーの霊樹の地は楽しい。バフプッタの霊樹の地は楽しい。サー

ランダダ霊樹の地は楽しい。チャーパーラ霊樹の地は楽しい。（中村元訳『ブッダ最後の旅――大パリニッバーナ経』、岩波文庫）

文中のアーナンダとは仏弟子の一人です。お釈迦さまは入滅《にゅうめつ》の前に、これまで慣れ親しんだ場所を心から讃えられたのです。奈良康明師はお釈迦さまのこれらの言葉を以下のように説明しています。

釈尊（＝お釈迦さま）は悟りをひらいて自由に自我を調えつつ生きてきた人です。真実、法に生かされている世界や万物のあるがままのすがたを受け入れ、美しいと感じる、そうした心境は当然あったものと思います。そして、釈尊は間近に迫り来る死を見、それを発表すべき時が来ている今、ふとそうした感懐を懐き、身近に見えるヴェーサーリーの町や木々にかこつけて世界、そして人生の美しさを表白したものではないでしょうか。（奈良康明『ブッダ最後の旅をたどる』、大法輪閣）

そして、サンスクリット語の経典だけに残されている言葉ですが、お釈迦さまは続けてこのようにもおっしゃっています。

「この世は美しい。人の命は甘美なものだ」

若い頃、人生に対してものすごく悲観的だったあのお釈迦さまから、このような言葉が出てくるとは、にわかに信じられないかもしれません。

お釈迦さまはこの世界を肯定的に受け入れた結果、死の間際にこのような言葉を残されたのでしょう。すべてをあるがままにお釈迦さまのように受け入れたとき、老いることも死ぬことも人間の美しさと捉えられるのかもしれません。

3 〝怨みの絆〟を断ち切る

現在、教育系YouTuberとして大人気のオリエンタルラジオの中田敦彦さんですが、この言葉は「中田敦彦のYouTube大学」を築地本願寺で収録したときの発言です。

中田さんの言葉、もうお分かりですね。ドラマ『半沢直樹』（TBS系）の「やられたらやり返す、倍返しだ！」というセリフが元ネタで、二〇二〇年に放送された続編では〝千倍返し〟にまでエスカレートしていました。もちろん大きな〝倍返し〟が達成されれば、その時点で一時的な快感を得ることができます。しかし、やられた相手はその怨みを決して忘れません。『法句経《ほっくきょう》』の中に以下のような言葉があります。

他人を苦しめることによって自分の快楽を求める人は、怨みの絆にまつわられて、怨みから免れることができない。（中村元訳『ブッダの真理のことば 感興のことば』、岩波文庫）

やられた相手が遺恨を持つことによって、そこに〝怨みの絆〟が結ばれてしまうというのです。怨みの絆は本当に厄介なもので、一度結ばれてしまうと、これが後に大きな悲劇を引き起こすことがあります。エピソードを一つ紹介します。

今から約百年前のこと。第一次世界大戦が終結し、戦勝国のイギリスとフランスは莫大な賠償金要求を敗戦国ドイツに突きつけようとしていました。特に国土を蹂躙された隣国フランスは怨みが非常に大きく、この機会にドイツをたたきつぶしてやろうともくろんでいました。それに対して、アメリカ大統領のウッドロウ・ウィルソンはその賠償要求に強く反対します。過酷な要求は遺恨を残し、次の戦争の火種になると考え

築地本願寺（東京）
投稿者：@acoaco06

たからです。

パリ講和会議で譲歩を迫るアメリカに対して、イギリスやフランスは一歩も譲りません。話し合いが平行線をたどる中、ウィルソンは当時世界中で猛威を振るっていたスペイン風邪に罹患してしまいます。

病で完全に気力を失ったウィルソンは、イギリスやフランスに押し切られてしまい、その結果、当時の国家予算の約二十年分に相当する千三百二十億金マルクを賠償金としてドイツに科すことになりました。

莫大な賠償金を払わなければならなくなったドイツでは、ハイパーインフレでマルクの価値が暴落し、国内経済は最悪の状況に陥ります。国民の不満が爆発し、それがきっかけの一つとなってナチスドイツが台頭していったことは周知の通りです。

歴史にifはありませんが、もしパリでウィルソンがスペイン風邪に罹《かか》らず、巨額の賠償金をドイツに請求しない形で合意がなされれば、ヒトラーの台頭も第二次世界大戦もなかったかもしれません。

これは怨みが連鎖した典型的な例といえるでしょう。〝倍返し〟という復讐行為は誰しもカタルシスを感じるかもしれませんが、それでは怨みの連鎖が永遠に続いてしまいます。ですから、仏教では「やられてもやり返さない」ことが基本的なスタンスになっています。最後に『法句経』の言葉をもう一つ紹介したいと思います。


怨みに報いるに怨みを以てしたならば、ついに怨みの息《や》むことがない。怨みをすててこそ息む。これは永遠の真理である。（同前）

この言葉をしっかり心に留めて日々の生活を送りましょう。

4

悲しみもまたご縁として

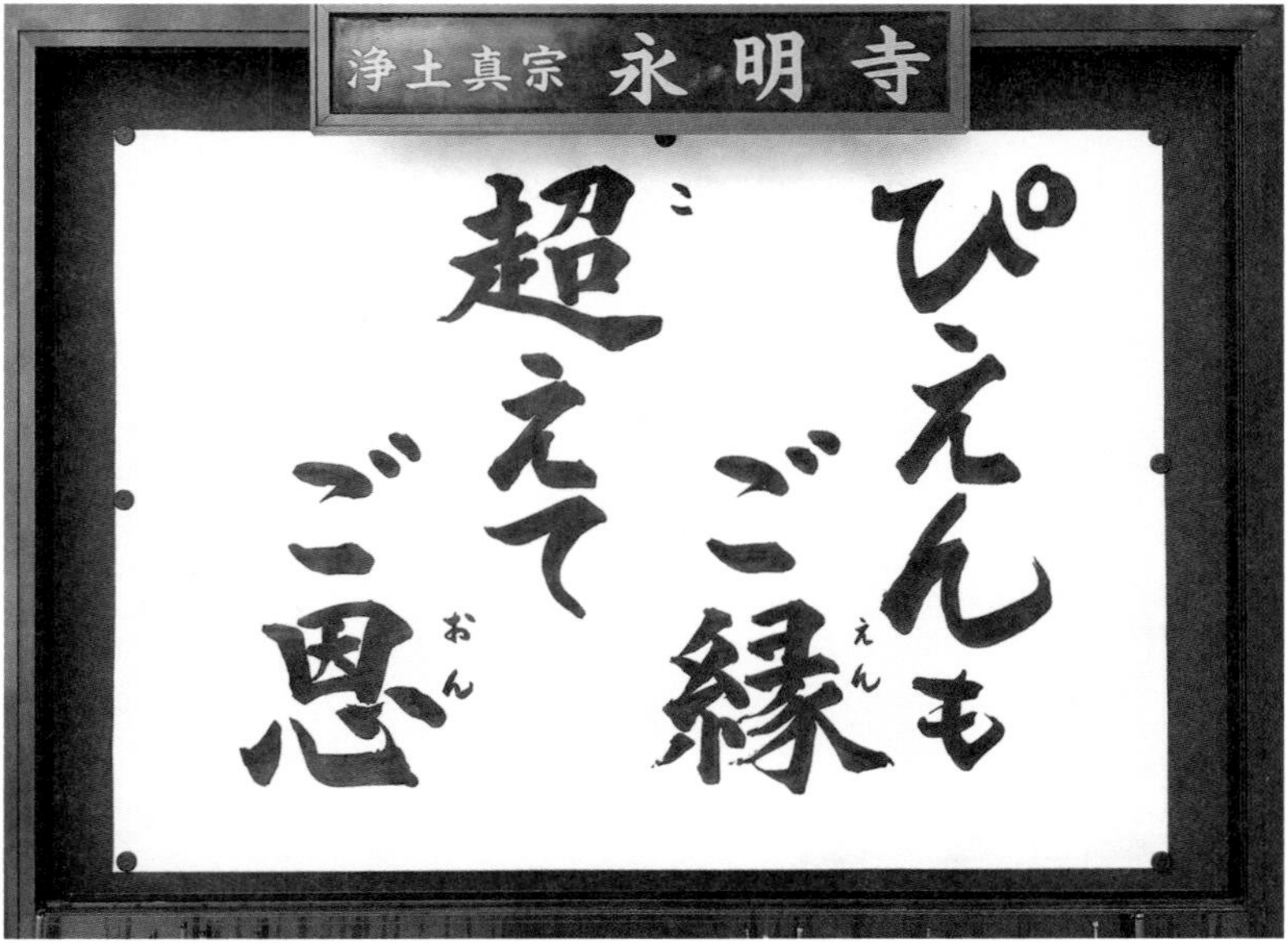

浄土真宗 永明寺
ぴえんもご縁《えん》
超《こ》えてご恩《おん》

永明寺（福岡）
投稿者：@matsuzakichikai

「輝け！お寺の掲示板大賞2019」で大賞を受賞したことのある福岡県の永明寺の掲示板です。住職の松﨑智海師がこの言葉に説明文を添えてツイートしたところ、ネット上で大きな話題となりました。以下が松﨑師の説明になります。

「ぴえん」は若者の間で流行している泣き声を表す擬態語で、嬉しいことや悲しいことなど泣きたいほどの感情を伝える言葉です。（略）この法語が分かりにくい時は「ぴえん」を「悲しみ」と読み替えてみてください。辛いことが続くこの人生ですが、「悲しみ」もまた「ご縁」として受け止め、いつか「ご恩」として感じることができる日が来ることを願っております。

この掲示板の言葉は、二〇二〇年に女子中高生に流行した〝ぴえんこえてぱおん〟という言葉に由来しています。〝ぱおん〟も〝ぴえん〟とほぼ同じ意味ですが、〝ぴえん〟より感極まった意味があり、〝ぴえんこえてぱおん〟とは、「感極まって泣きそうな気持ち」を表しています。

私たちは誰しも人生の中で泣きたくなるような悲しい事態に見舞われることがあります。それは個人的なトラブルや事故や自然災害など実にさまざまなケースが考えられますが、今回はアップルを創業したスティーブ・ジョブズの身に降りかかった辛い出来事を紹介します。

ジョブズは自らも参画して創業したアップルから、三十歳の時、突然クビを宣告されました。共同経営者と会社の方針を巡って争いとなり、追放されてしまったのです。それまでのすべてが失われたことにジョブズは茫然自失となり、ショックで数か月間途方に暮れたそうです。

しかし、ジョブズはここで終わりません。その後五年の間に二つの会社を立ち上げ、育てています。

一つは世界でも有数のアニメスタジオに発展したPixar。もう一つは、オブジェクト指向型のオペレーティングシステム（OS）などを開発したNeXTです。一九九六年末にそのNeXTがアップルに買収されたことで、四十一歳のジョブズは古巣のアップルに復帰しました。そして、このOSがアップル復活の大きな原動力となるのです。

晩年にスタンフォード大学で行った演説の中で、「アップルをクビになったことが結局、人生最良の出来事だった」と述べています。自身を絶望に陥れた出来事が、長い時を経て、心の中で最良の出来事へと転換されたのです。

精神科医エリック・バーンは「他人と過去は変えられないが、自分と未来は変えられる」という言葉を残しています。この言葉の通り、自身の人生の過去に起こった出来事を変えることは決してできません。しかし、私たちはジョブズのように心の中で過去の出来事の意味付けを変えることはできるのです。

お釈迦様が「一切皆苦」とおっしゃっているように、人生は思い通りにならないことの連続です。ご縁にはさまざまなものがあり、ジョブズが言うように、時としてレンガで頭をぶん殴られるようなひどい出来事にも人生の中で遭遇します。

そのような出来事をおかげさま（ご恩）と受け取れるようになるためには、結局のところ、出来事をあるがままに受け止め、そこから謙虚に学ぶマインドが不可欠となります。そのためには当然長い時間が必要となりますが、仏教はその心の持ち方を教えてくれるのです。

5

災難をどう受け止めるか

雲西寺（大分）
投稿者：yuma.saya.love.tibi2

水泳の池江璃花子選手は、二〇一八年のアジア競技大会で六冠を達成したわずか五か月後に白血病と診断されました。多くの人々が衝撃を受けましたが、もっともショックを受けたのは、間違いなくご本人でしょう。

病状を公表した直後に「自分に乗り越えられない壁はないと思っています」とツイッターでつぶやいたのは、自身を勇気付けるためだったのかもしれません。目の前の災難を前向きに受け止めようとする彼女の姿勢が伝わってきます。

災難の受け止め方は人それぞれ。前作『お寺の掲示板』では浄土真宗僧侶の安田理深師の受け止め方に触れましたので、今回は禅僧の災難の受け止め方を見てみましょう。

『趙州録《じょうしゅうろく》』によると、中国の趙州禅師は弟子に「大難が訪れたときにどうすればよいですか?」と尋ねられたとき、「恰好《かっこう》!」と答えました。

「恰好」とは「恰《あたか》も好《よ》し」ということで、ちょうどいいという意味ですが、この言葉の解釈の一つに、「よしきた!」という捉え方があるそうです。自ら望んで災難に遭遇したいという人はあまりいないと思いますが、災難に「恰好(よしきた!)」と前向きな姿勢で臨みましょうというのが趙州禅師の教えのようです。

前向きな姿勢で災難に臨む。この話を聞いて、私は伝説のプロボクサーであるモハメド・アリの言葉を思い出しました。アリが当時ヘビー級チャンピオンのジョージ・フォアマンと対戦したとき、「わざとボディを打たせるんだ」とよく口にしていたそうです。

「相手にボディを打たれてしまうのではなく、自分は相手にわざと打たせている」という前向きな意識でパンチを受けると、蓄積するダメージの体感が違うというのです。

全盛期のフォアマンの強烈なボディブローをもらうのは誰でも絶対に避けたいところ。しかし、アリは避けようのないパンチ（災難）に対して、「恰好」の心境で構えたと言えるでしょう。その結果、試合前の下馬評では圧倒的にフォアマンが優勢でしたが、アリは見事に逆転のＫＯ勝利を奪ったのです。

モハメド・アリも池江璃花子選手も目の前にある災難を積極的な姿勢で受け入れ、乗り越えました。これが災難と向き合う一つの形とも言えますが、全ての人々が同じようにすぐに「よしきた！」と受け止めるのはかなり困難でしょう。

災難が大きければ大きいほど心が折れ、前向きに受け止めることができなくなります。前項に登場したあのスティーブ・ジョブズでさえも、災難の際に数か月間茫然自失となって落ち込んだのです。ですから、一時的に落ち込んで前向きな姿勢を保てなくなったとしてもそれは全く恥ずかしいことではありません。

壁（災難）を乗り越えることを一旦諦めて、時間をかけることも対処法の一つです。「諦める」という言葉は、仏教では本来ネガティブな言葉ではありません。「諦める」とは「明らかに観ること」を意味する言葉。壁から退避して、壁を遠くから眺めていると壁の乗り越え方や壁の有難さがわかってくることもあります。憎んでいた壁（災難）をおかげさまと受け取るメンタルを仏教から身に付けることができれば、壁が壁ではなくなります。

ですから、壁（災難）の前ですぐに前向きになれなくても焦る必要はありません。時間がかかっても、「おかげさま」と受け取れれば、壁は必ず乗り越えられるのです。

6

「大丈夫」は仏様のメッセージ

京都の中心部にある真宗佛光寺《ぶっこうじ》派の本山佛光寺の掲示板です。掲示板の文中には二〇二〇年三月に亡くなられた志村けんさんの有名なギャグ「だいじょうぶだぁ」が登場しています。

一九八〇年代後半、『加トちゃんケンちゃんごきげんテレビ』（TBS系）の中で、志村さんが三連のうちわ太鼓をたたきながら、「だいじょうぶだぁ」と叫ぶギャグは子どもたちを中心に大人気となりました。

「だいじょうぶ（大丈夫）」という言葉は、みなさんもご存じのとおり「安心できるさま」を意味する言葉です。しかし、このような意味を持つ前に実は別の意味を持っていました。

『華厳経《けごんきょう》』には、「もし諸の菩薩この法に安住すれば即ち大丈夫の名号を得ん」とあり、ここでの「大丈夫」とは「菩薩」を意味しています。

本山佛光寺（京都）
投稿者：@yokki256

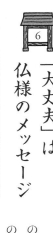

また、『大般涅槃経《だいはつねはんぎょう》』という経典の中では多くの仏の異名が並ぶ中で「大丈夫」という言葉が登場します。つまり、この中で「大丈夫」とは「仏」を表しているのです。

志村さんがご存じだったかどうかはわかりませんが、これらのお経から「だいじょうぶ（大丈夫）」とは「菩薩」や「仏」を本来意味する言葉だったということがわかります。ですから、「だいじょうぶ（大丈夫）だぁ」というギャグは仏教的要素を含んでいたとも言えるかもしれません。

また、志村さんが亡くなられた直後、実は多くの浄土真宗のお寺の掲示板にこの「だいじょうぶだぁ」という言葉が張り出されていました。

浄土真宗では「南無阿弥陀仏」というお念仏をお称えします。「南無阿弥陀仏」と仏様の名をよぶことは、仏様のよび声を聞くことでもあります。つまり、お念仏とは「あなたを救うからだいじょうぶ」という仏様からのよび声。この「仏様からのよび声（お念仏）」と「だいじょうぶだぁ」という志村さんのギャグは、メッセージの意味として重なることから、浄土真宗の多くのお寺の掲示板の言葉に採用されたのです。

現在の私たちにとって、「だいじょうぶだぁ」という言葉は、亡くなった志村さんの安心を与えるメッセージとして心の中で受け取ることができます。

偉大なコメディアンであった志村さんが亡くなって一年以上が経過しましたが、志村さんは今でも多くの人の心の中に生きています。私たちに安心を与えてくれる志村さんと仏様のメッセージ（だいじょうぶだぁ）にしっかり耳を傾けて、これからも生きていきたいものです。

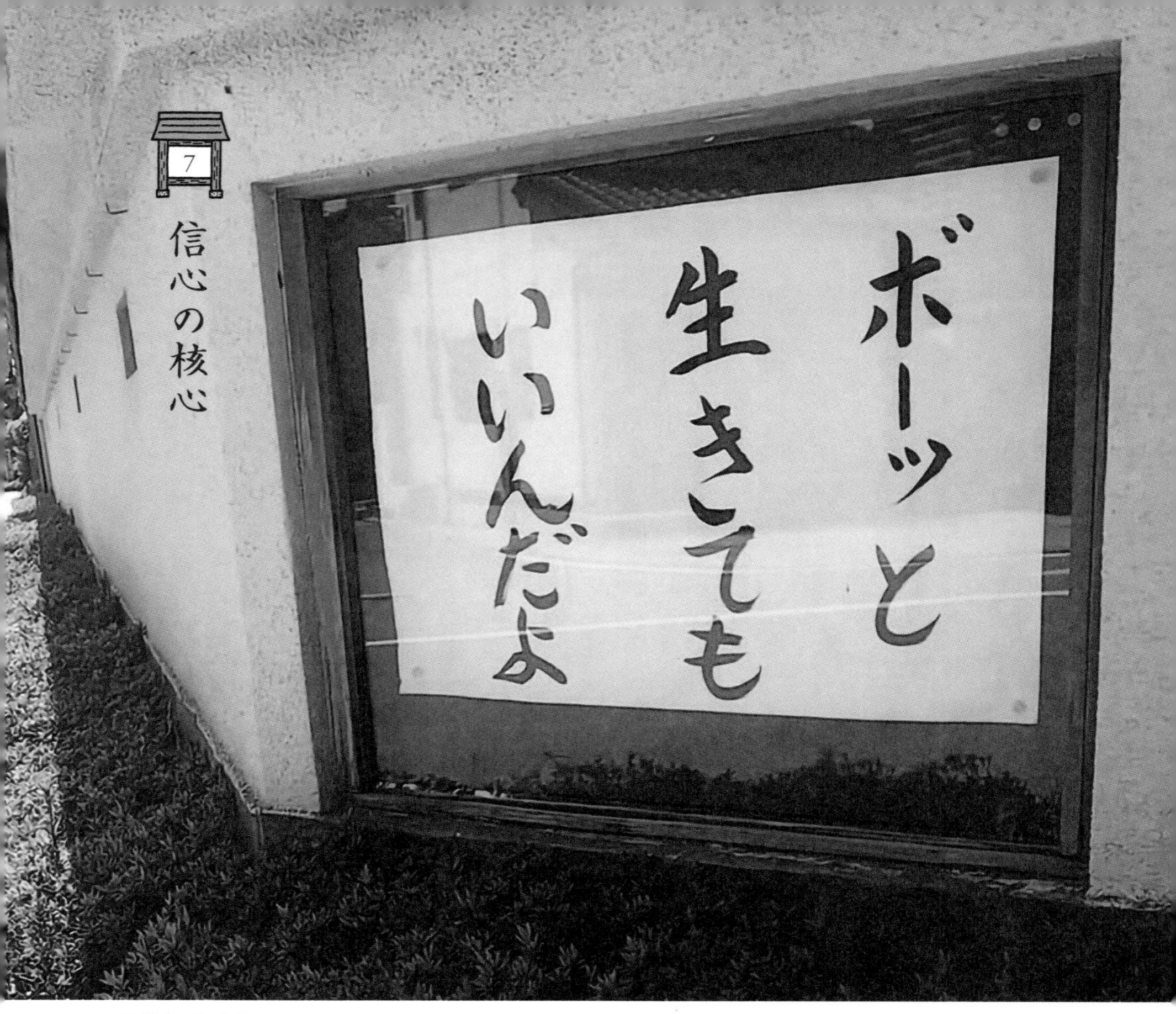

恩栄寺（石川）
投稿者：@tamakony

NHKの人気番組『チコちゃんに叱られる！』の決めぜりふ「ボーっと生きてんじゃねーよ！」と書かれたお寺の掲示板が「お寺の掲示板大賞」には数多く投稿されてきましたが、これはちょうどその正反対の意味の言葉です。

恩栄寺は石川県の浄土真宗のお寺ですが、私も浄土真宗のお寺に生まれ、小さい頃から本堂でお説教を聴く機会がありました。昔、実家のお寺によくお説教に来られていた浄土真宗本願寺派勧学の深川《ふかがわ》倫雄《りんゆう》和上《わじょう》が、いつも「この場で聞いて忘れて、眠っていてもよいですよ」とおっしゃっていたのを覚えています。

「仏さまがいる本堂で眠るなんて！」と思われる方もいるかもしれませんが、どうしてこのようなことをおっしゃったのでしょうか。

明治期に活躍し、近代日本仏教に大きな影響を与えた清沢満之《きよざわまんし》師（浄土真宗僧侶）は、『我信念』の中で「如来（阿弥陀仏）がどのようにして私に心の平安をもたらすのか。それは他でもなく、阿弥陀仏が一切の責任を引き受けることによって、私を救ってくださることである」と述べています。

浄土真宗で大切なことは「阿弥陀仏の救いにおまかせ」することです。それを「他力の信心」と呼びますが、大峯《おおみね》顯《あきら》師（浄土真宗僧侶・大阪大学名誉教授）は『永遠と今』（本願寺出版社）の中で、上の清沢師の言葉が「他力の信心の核心」であり、「如来さま（阿弥陀仏）を信じるということは、如来さまの前で一人の赤ん坊になること」だとおっしゃっています。

母親に一切の責任を任せている赤ん坊は寝たいときに寝ます。赤ん坊の様子を見ると、あれこれ考えるのではなく、「ボーッと生きてもいいんだよ」という言葉の意味するところを体現しているように思えます。

また、赤ん坊は親（阿弥陀仏）の前でかしこまることはありませんし、とりつくろうこともありません。

昔、讃岐《さぬき》に庄松《しょうま》という妙好人（浄土真宗の篤信な信者）がいて、彼が本堂の阿弥陀仏の前でゴロリと横になったりしていたそうです。周りの人たちはそれを見て、おかしくなったのかと思っていたら、庄松は「あなたたちは義理の親の所へ来たから、そのようにかしこまっているが、私は本当の親の前だから何の遠慮もしないのだ」と言ったというエピソードがあります。

まさに親（阿弥陀仏）の前の赤ん坊ですね。筋は通っていますが、現代の本堂の仏様の前でこのようなことをすると、ほとんどのご住職が怒ると思いますので、まねをするのはやめた方がいいでしょう。

どんな人でもそのままで救ってくださるのが阿弥陀仏であり、そこに条件はありません。しかし、阿弥陀仏が責任を取ってくれるからといって、何でもしてよいのかというと、決してそうではありません。親鸞聖人は門弟に宛てたお手紙の中で、「薬あればとて毒を好むべからず」としっかり戒めておられます。

「ボーッと生きてもいいんだよ」と「ボーっと生きてんじゃねーよ！」。全く正反対のことを言っているこの両方が間違いでないところに仏教の教えの幅の広さがあります。

普段仕事などで忙しい人は「ボーっとしてる暇なんかねーよ！」と思われるかもしれません。しかし、人間は死ぬまでずっと頑張って生きていくわけにはいきません。ボーっとしていてもそのまま救ってくださる温かくて有り難い仏様がいることを、忘れないでいただければと思います。

8

阿弥陀、動きます。

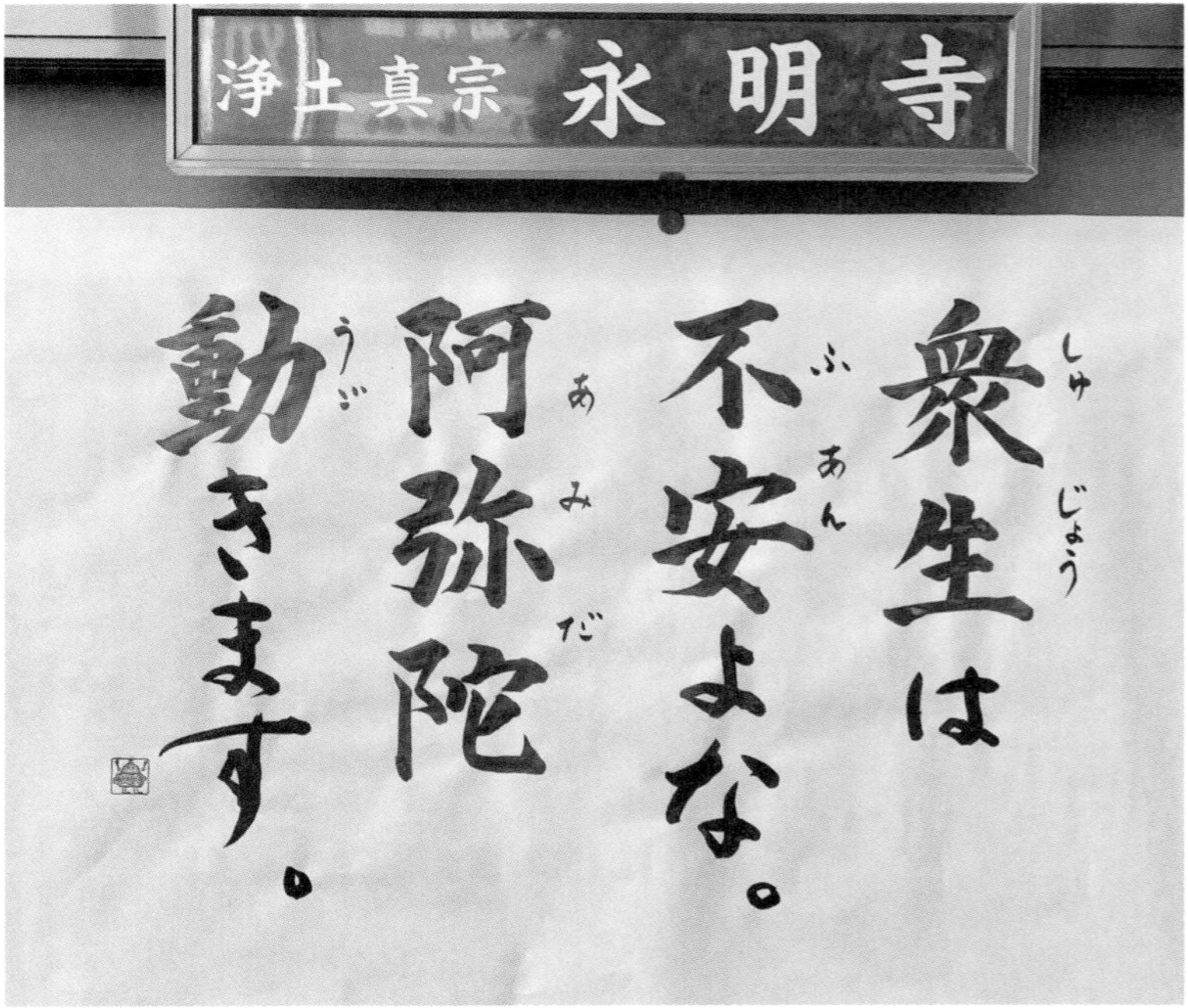

永明寺（福岡）
投稿者：@matsuzakichikai

「輝け！お寺の掲示板大賞2019」の大賞受賞作品。これは、お笑い芸人の松本人志さんがツイートした「後輩芸人達は不安よな。松本動きます。」にかけたものです。

二〇一九年六月、吉本興業の芸人による闇営業問題が発覚しました。そのときに関わっていた芸人たちには厳しい処分が下され、会社側の対応に対して、多くの所属芸人が不安や不満を漏らしていました。この松本さんのツイートは、社内の揉め事の収拾に乗り出す意志を示したものであり、後輩芸人たちは松本さんに頼もしさを感じたのではないかと思います。松本さんは事態のあまりの深刻さを見かねて、若手のために動きだしたのでしょう。

この掲示板を書かれた永明寺住職の松﨑智海師は「阿弥陀様の頼もしさよ」とコメントを添えつつ、補足として以下のことをツイッターでつぶやいていました。

阿弥陀如来はもとは法蔵菩薩という修行者で、煩悩に苦悩する衆生を救う仏になりたいと願われ、もしそれができないのであれば仏にはならないと誓われた方です。なので阿弥陀如来という仏がいるということは法蔵菩薩の願いは成就したということなので、私たちは救われることになります。

『仏説無量寿経《ぶっせつむりょうじゅきょう》』の中で、法蔵菩薩はすべての衆生を救うための方法を五劫という長さの間考えられ、修行をされたと書かれています。普通の人には「五劫」といわれても、全くピンとこないかもしれません。

『大智度論《だいちどろん》』の中で「一劫」とは、「一辺四千里（約二千キロ）の大きな岩に天女が百年に一度舞い降りて羽衣で撫で、その岩が無くなっても劫に満たない」とあり、五劫はさらにその五倍。つまり、法蔵菩薩は不安に悩むすべての衆生を救うための手立てを、途方もなく長い時間考えられたということになります。ちなみにこの五劫の話が落語『寿限無《じゅげむ》』の中の「寿限無、寿限無、五劫の擦り切れ……」の元となっています。

法蔵菩薩がその後阿弥陀仏になられたということは、私たちはみな阿弥陀仏の救いの中にいるということです。

日本の禅文化を世界に広めた仏教学者の鈴木大拙《だいせつ》氏は、阿弥陀仏による救いを喜び、その救いに身を任せている「妙好人」の存在に大変興味を持ちました。自身の著書の中で、その救い（絶対他力）の温泉につかり、ひたりすぎるのが「妙好人」の特徴だと述べつつ、以下のように説いています。

親鸞は『歎異抄』に、「みだの五劫思惟《しゆい》の願は、よくよく案ずれば、ひとへに親鸞一人のためなりけり」というが、なるほどここに宗教経験の本質があると言い得る。宗教は個己の生活だからである。（鈴木大拙『妙好人』、法蔵館）

法蔵菩薩はすべての人々を救うために、五劫の間思惟されて阿弥陀仏になられましたが、「とてつもなく長く思惟したのはまさにこの自分一人を救うためであったと親鸞聖人のように感じることが宗教経験の本質だ」と大拙氏は指摘しているのです。

確かに個己（自分自身）を抜きにした宗教など意味がありません。ゴタゴタの多い世の中で「阿弥陀仏が不安を抱えた、まさに自分自身のために動いている」と感じることができるかどうかが、結局のところ最も大切なのです。

9 コロナ禍でもブッダとともに

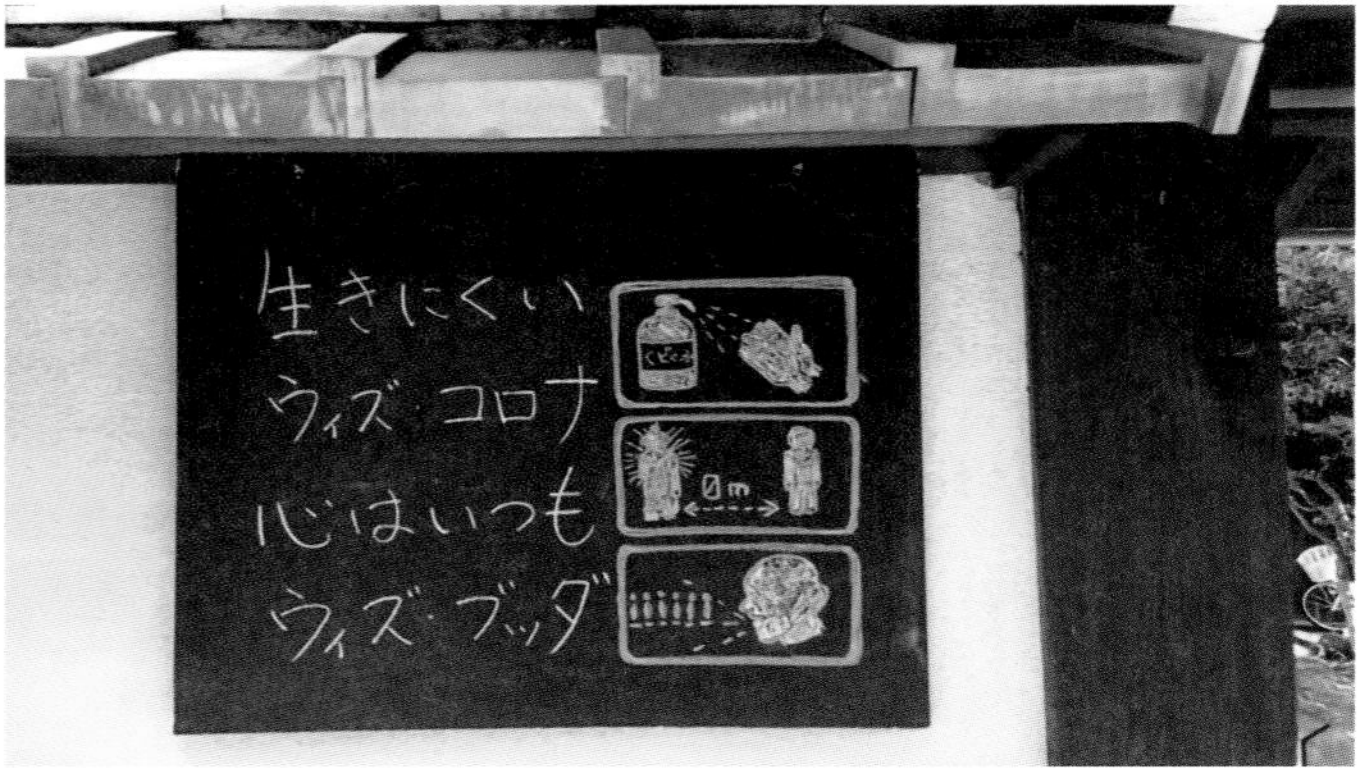

龍岸寺（京都）
投稿者：@kyoto_ryuganji

ウィズ・コロナの状態が長く続き、寂しさや孤独を感じている人が多いのではないでしょうか。

『仏説無量寿経』の中には「人、世間愛欲のなかにありて、独り生れ独り死し、独り去り独り来る」とあります。新型コロナウイルスによって、人間のそのような孤独な本質を思い出した方が多いかもしれません。

普段の生活の中で、人との触れ合い、仕事、趣味などによって、孤独を打ち消そうとしますが、決して消えるものではありません。

浄土宗のお寺の掲示板なので、このブッダとは阿弥陀仏を表しているのでしょう。孤独な存在である私たちに常に寄り添ってくれるのが阿弥陀様です。人と密になれなくても、決して独りではありません。いつもそばにいてくださる仏様を心の中で感じながら、ウィズ・ブッダの生活を送りたいものです。

コラム①
「掲示板の達人」たちの〝自画自賛〟

門前に掲げるたびに注目を集め、「お寺の掲示板大賞」を盛り上げる三人の住職。「掲示板の達人」自薦の〝言葉〟をご紹介。

「お気づきでしょうが『仏の顔も三度』のもじりです。正式には『仏の顔も三度撫ずれば腹立つ』。慈悲深い仏様でも顔を撫でるような無礼が三度続けば……、人間ならなおさら怒ってしまうよという忠告が込められています。

でも実際の仏様はどうなのでしょうか？　例えば浄土真宗の仏様は、あらゆるいのちをお救いくださるという阿弥陀如来です。阿弥陀如来は無量寿仏・無量光仏として時空を超え、煩悩具足の凡夫たる我らをお救いくださいます。でも、我らの凡夫振りは三度どころではありません。何度も何度も愚行を繰り返す我らを、一度も見捨てずお救いくださるのが阿弥陀如来。その慈悲深さは、文字通り無尽蔵なのです」

超覚寺（広島）　和田隆恩住職

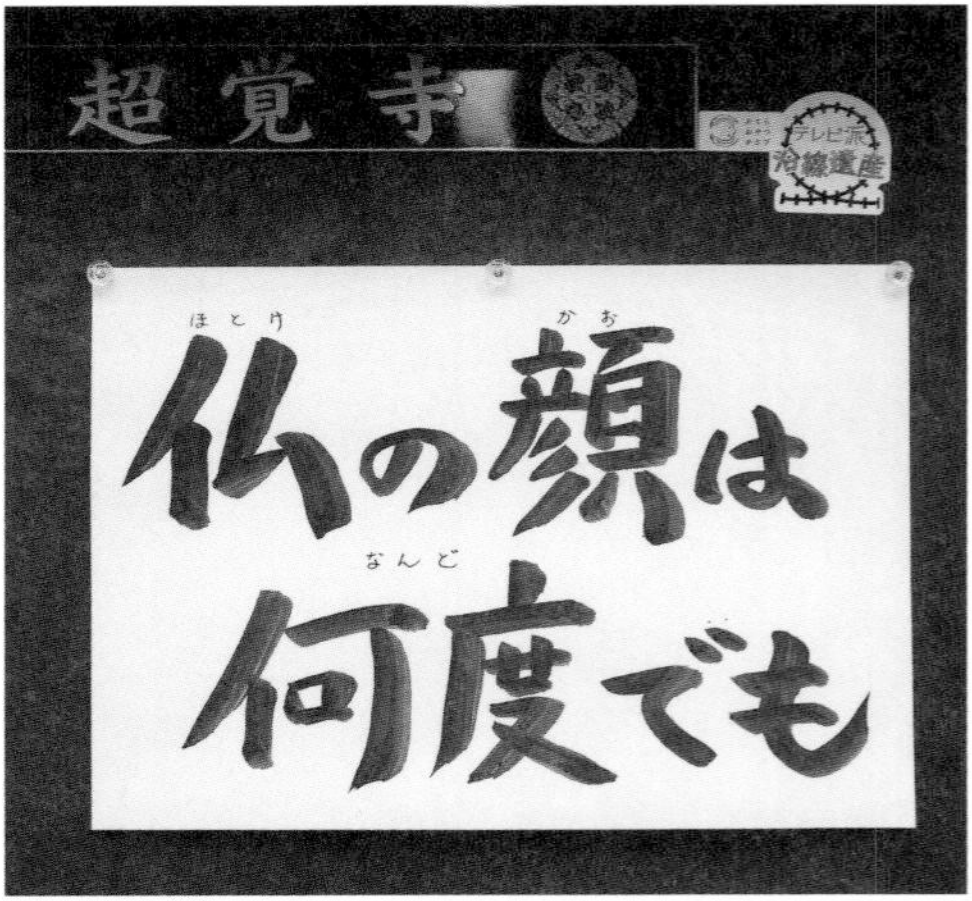

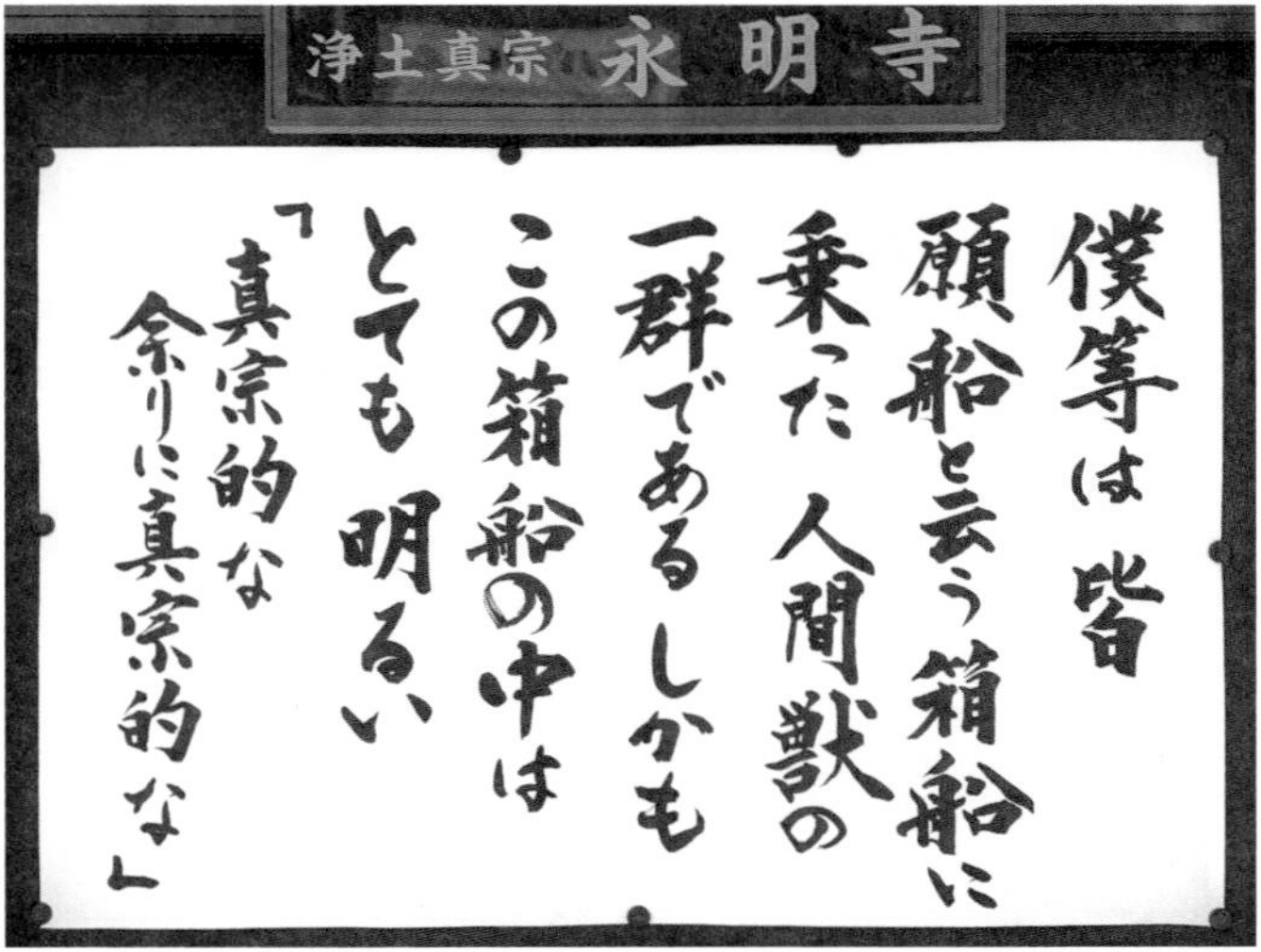
浄土真宗 永明寺
僕等は 皆
願船と云う箱船に
乗った 人間獣の
一群である しかも
この箱船の中は
とても 明るい
「真宗的な
余りに真宗的な」

「浄土真宗の開祖親鸞聖人は、煩悩によって生き死にを繰り返す迷いの世界を『苦海』と示し、果てしない海にたとえられています。そして、その苦海を渡す阿弥陀如来の救いを船にたとえられ、念仏者の仏道は阿弥陀如来の救いの船に乗せて渡していただくことだと言われました。この法語は阿弥陀如来の慈悲の船旅がとても明るいものであることをあらわしたものです。

実はこの法語、芥川龍之介の文学評論『文芸的な、余りに文芸的な』の一節『僕等は（略）皆世界と云ふ箱船に乗つた人間獣の一群である。しかもこの箱船の中は決して明るいものではない。』をもじったものなんです。まぁ、誰も気づいてくれませんでしたが……。芥川龍之介の暗い文章を阿弥陀様のお慈悲にそって明るく表現してみました。私のお気に入りです」

永明寺（福岡） 松﨑智海住職

「小学生の頃、先生から習った『家に帰るまでが遠足です』という戒め。懐かしいですよね。大人になったらもう遠足ではしゃぐこともありませんが、よくよく考えてみれば、人生それ自体がこの世への遠足です。やがてご先祖のもとに帰っていったときに、恥ずかしくない生き方をできているか。娑婆世界から拝まれて頼られるぐらいの器量を持てているか。ホトケのような心を持って生きてほしいと願って書きました。

掲示板は月初に書き換えるので、月末は『掲示板鬱』に陥ります（笑）。それでも、ファンの期待に応えるため、私自身の言葉で書き、お寺のスタッフがイラストを添え、そしてYouTubeチャンネルで解説も。渾身の創作活動、ぜひお楽しみください」 龍岸寺（京都） 池口龍法住職

二　無常！

10

褒められるだけの人はいない

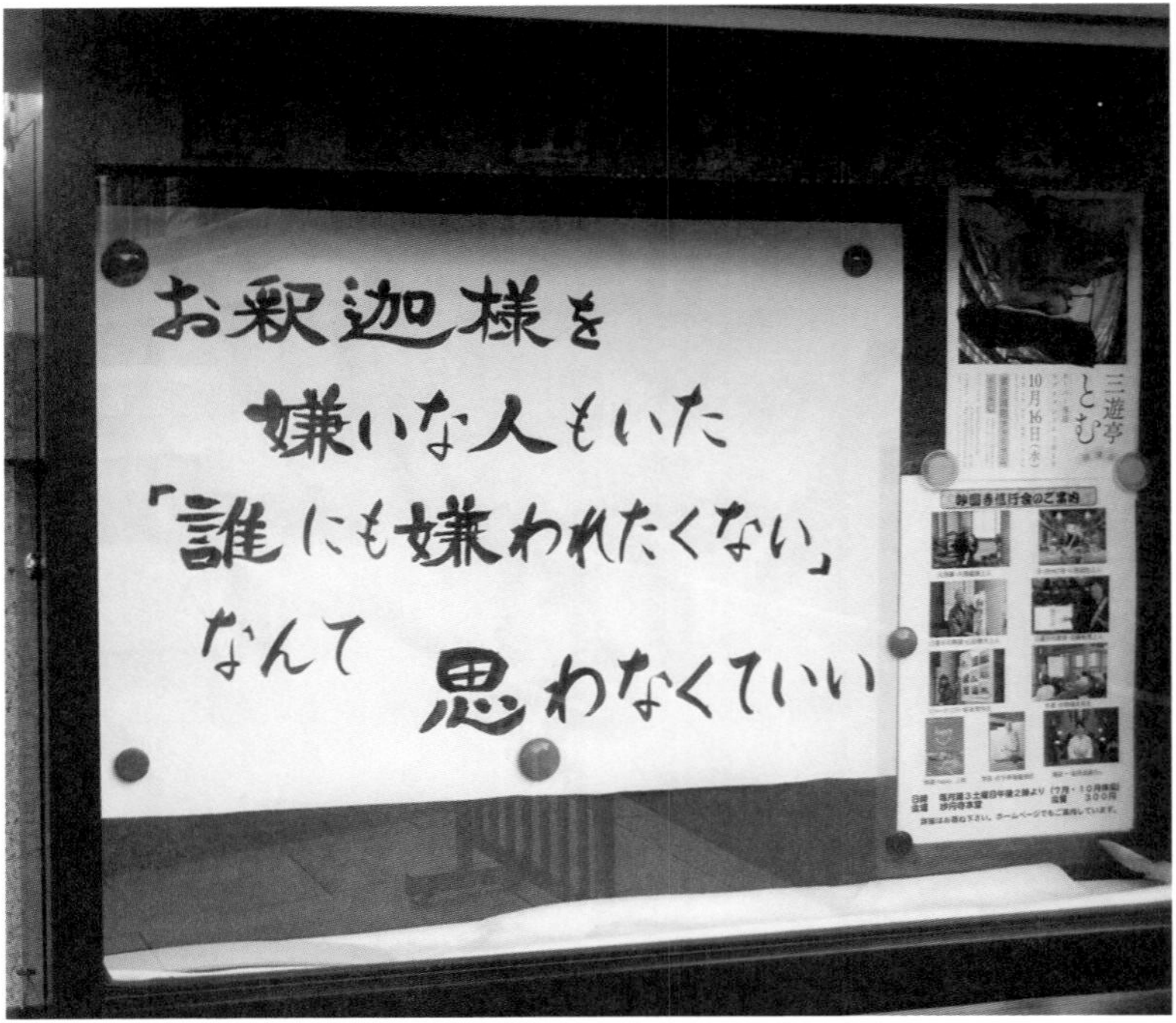

妙円寺（東京）
投稿者：@renkouzan

私たちの悩みの多くは対人関係に起因するものです。いつもささいな人間関係を気にして、「誰にも嫌われたくない」と思っている人が世の中には数多く存在します。

この掲示板には「お釈迦様を嫌いな人もいた」とあります。確かに初期仏教の記録を見ると、お釈迦様やそのグループが迫害を受けた歴史が残されています。そのような経験を踏まえた上で、お釈迦様は『法句経』の中で、以下の言葉を残されています。

ただ誹《そし》られるだけの人、またただ褒められるだけの人は、過去にもいなかったし、未来にもいないであろう、現在にもいない。（中村元訳『ブッダの真理のことば 感興のことば』、岩波文庫）

お釈迦様のおっしゃるとおり、褒められ続けて一生を終えることができる人などこの世にはいません。必ず誰かに批判をされたり、陰口を叩かれたりするものです。また、人生の中では周囲の完全な誤解によって理不尽な目に遭うこともしばしば起こります。ですから、周囲の評価に一喜一憂しても仕方がないといえるでしょう。同じ『法句経』にはこのような言葉もあります。

一つの岩の塊りが風に揺がないように、賢者は非難と賞讃とに動じない。（同前）

『嫌われる勇気』（ダイヤモンド社、二〇一三年刊）という本がベストセラーになりました。自分の課題と他者の課題を冷静に線引きし、他者の課題には介入せず、自分の課題には誰一人介入させないことが重要である。これがアドラー心理学の視点である、ということが本の中で述べられていました。

確かに、自己と他者の問題を明確に区分することは大切です。他者の問題（他者からの非難や称賛など）に関しては諦めて、自分の問題に集中することができれば、雑音が入らなくなり、生きやすくなることは間違いないでしょう。

一方で、自己と他者の問題を混同して苦しんでいる人が大勢います。それは他者の問題だと分かってはいても、他者から非難され続けて、心が折れそうになることもあります。お釈迦様は、自分を憎んで非難してきた人たちに対して実際どのように接したのでしょうか。あるとき、お釈迦様はひとりのバラモンから屈辱的な誹謗中傷を浴びました。以下はその時の発言です。

バラモンよ。罵ることのないわれわれをそなたは罵った。怒らないわれわれを怒った。争論することのないわれわれに争論をしかけた。しかしわれわれはそれを受けとらない。バラモンよ。これはそなたのものとなるのだ。（中村元訳『ブッダ悪魔との対話――サンユッタ・ニカーヤⅡ』、岩波文庫）

この言葉を読む限り、相手に全く惑わされないお釈迦様の毅然とした姿勢が窺えます。他者の問題を明確に区分し、対応しない。これが無駄な苦しみを断つ最善の策だと分かっておられるからこそ、このような対応をとられたのでしょう。

「嫌われる、嫌われない」は所詮、他者の問題です。「人生の中で誰にも嫌われたくない」なんて無理な高望みなのですから、できる限りマイペースで生きていきたいものです。

11

裁きたがる人々

私たちはいつも自分の理性に従って有罪・無罪の判断を下しますが、往々にしてその判断は自分に対しては甘く、他人に対しては厳しくなる傾向にあります。以前、「善人ばかりの家庭は争いが絶えない」という掲示板がありました。この言葉は「自分が無罪と思っている人が集まった家庭は争いが絶えない」ということを意味しています。もちろん、これは家庭だけではありません。

これまで己の善悪の基準を絶対視する者たち同士で数多くの悲劇が繰り返されてきました。私たち人間が持っている有罪・無罪を判断するものさし（理性）はいつも大きく揺れ動くもので、絶対的に当てになるものではありません。当てにならない私のものさしで他人を断罪するのではなく、私のものさし自体を仏様の智慧に照らして問うことが大切なのです。

築地本願寺（東京）
撮影者：道教泰子

12

「わかっている」という煩悩

ほんとうの
いちばん深い闇は
わかっている
という
思いです

蓮光寺（東京）
投稿者：@219karate

三十九頁の築地本願寺の掲示板の言葉のように、私たちは普段、社会に存在するさまざまな事象を観察し、自身の理性的判断（分別心）によってそれらを善と悪に区別します。そして、自身が悪と認定したものを強く非難し、攻撃する人たちが社会には数多く存在します。

近年、そのような人々が数多く集まるのはインターネットの掲示板です。不祥事などを起こした多くの有名人たちが毎日のように、そこで徹底的に叩かれていますが、批判している人たちは自分自身の理性的判断が正しいと信じ、攻撃を繰り返しているのです。

イギリスの作家であるギルバート・キース・チェスタトンは、「常軌を逸した人とは、理性を失った人のことではなく、理性以外のあらゆる物を失った人である」という言葉を残しています。最近のインターネット上の動きを見る限り、この「理性以外のあらゆる物を失った人」が増えているように思えます。

「わかっている」という思い込みは人間の一種の迷い（煩悩）です。仏教では煩悩の根本である迷いを「無明」と呼び、それはしばしば「闇」という言葉でも表現されます。

この「わかっている」という勘違い（無明の闇）は、仏様の「智慧の光」（仏教の教え）に照らされることによってくっきりと明らかになります。私たちは仏教の教えに触れることによって、自身の理性がそれほど信頼できるものではないと理解し、それをきっかけに謙虚な気持ちや思いやりの気持ちを取り戻すことができるのです。

ですから、無明の闇を伴った自分自身の理性を過信するのではなく、理性以外の大切な情緒を取り戻していきたいものです。

延立寺（東京）
投稿者：@yasmi_kure

13

比較は苦しみの始まり

非常にシンプルな言葉ですが、この言葉に共感する方は多いと思います。

私もスーパーのレジ待ちの列に並びながら、隣のほうが早く進んでいるのを見て損をした気持ちになることが過去に何度もありました。

隣のレジは、早い――。これは思い通りにはいかない人生を表した言葉であるともいえるでしょう。仏教における「苦」はサンスクリット語の「ドゥッカ」という言葉が元になっており、この原語には「思い通りにならない」という意味合いが強く含まれています。

隣のレジに並んでいた人たちが支払いを終え、買い物を済ませているのに、あなたはまだ列に並んでいる。そのとき、あなたはどのような気持ちになりますか。

大半の人は損をしたようなネガティブな気持ちに陥ったり、イライラしたりすると思うのですが、もし隣にもう一つのレジが存在しなければ、おそらく何も思わずに順番を待ち、普通に買い物を済ませたことでしょう。

以前、「他人と比べると不幸が始まる」という言葉が、あるお寺の掲示板に出ていたのを見かけたことがあります。これは俳優の藤村俊二さんの言葉だそうです。結局、他人（隣のレジ）と比較することを通して苦しみが発生してしまうのです。

近年、インターネットが発達し、多くの人々がSNS（ソーシャル・ネットワーキング・サービス）を利用することによって、他人の行動がある程度見えるようになりました。友人や知り合いの住居や食事の内容、旅行先やイベントなど別に興味がなくても情報が次々と入ってきます。そして、それらを見ながら自分が置かれている状況との比較をついいしてしまうのです。

アンデシュ・ハンセン『スマホ脳』（新潮新書）の中で、多くの若者たちがSNSのインスタグラムを利用することによって、自分自身は魅力的でないと感じるようになり、自信を失ったとの調査結果が取り上げられていました。

また、他人の生活を覗き見することができるSNSのフェイスブックを利用している人ほど、人生に満足できていないそうです。

> フェイスブックは表面的には、人間のソーシャルコンタクトへの本質的な欲求を満たしてくれる貴重な場である。しかし、心の健康を増進するどころか悪化させることを調査結果が示唆している。（アンデシュ・ハンセン『スマホ脳』、新潮新書）

結局、人間は他人の活動を多く見すぎてしまうと、無意識に比較し、ネガティブな気持ちに陥りやすくなってしまうのです。

もちろんSNSが便利なツールであることには間違いありません。しかし、使用することによって自身のメンタルが悪化し、不幸になるのであれば、それはそれで何のために使っているのかわからなくなります。お釈迦様は『法句経』の中で以下のようにおっしゃっています。

> 他人の過失を見るなかれ。他人のしたこととしなかったことを見るな。ただ自分のしたこととしなかったことだけを見よ。（中村元訳『ブッダの真理のことば　感興のことば』、岩波文庫）

他人（隣のレジ）ばかりを気にしすぎず、自分の振る舞いや「目的」にできるだけ意識を集中させていきましょう。

「私」は常に変わりゆく

雲西寺（大分）
投稿者：@unsaiji

これは、ダイナミックな文字が特徴的な大分県にある雲西寺の掲示板です。小さくてよく見えないかもしれませんが、掲示板の左端に「我に執われてるぞ　釈尊」と書かれています。

「我」に対する執着に関していえば、自身に対する執着である「我執」と所有欲である「我所執」があります。

自分自身の「身体」が存在する限り、「我」という感覚がなくなることはありませんし、「執着」が消えることはありません。この二つの執着が大きな苦しみを私たちにもたらすのです。

『衆経撰雑譬喩《しゅきょうせんぞうひゆ》』という経典の中に、鬼同士のケンカの仲裁をさせられる旅人の話が収録されています。以下は、そのあらすじです。

旅人は鬼同士が死骸の所有を巡って揉めている状況に出くわしてしまい、仲裁を頼まれるのですが、当然のことながらうまく仲裁できず、前の鬼が大いに怒って、その旅人の手をもぎ取ります。後の鬼も怒り、旅人の手を抜き、足を取り、胴を取り去り、とうとう頭まで抜き取ります。前の鬼はそれを見て、そこにあった死骸の手、足、胴、頭を次々に取って旅人の身体に補い、とうとう旅人の身体は手も足も胴も頭も見知らぬ死体のものになってしまいました。いったい自分は自分なのか自分ではないのか、全く分からなくなった旅人はお寺に立ち寄り、「自分はいったい何者なのだ」と僧侶に尋ねました。

私は昔この話を聞いて、当然のことながら非常に気持ち悪い話だと思いました。

しかし、生物学者の福岡伸一氏が著した『動的平衡』（木楽舎）によると、人間の消化管の細胞は二～三日でつくりかえられ、一年も経過したころには自分自身を形づくっていた細胞などの物質がほとんど入れ替わり、物質的な観点からすると、ほぼ別人になってしまうそうです。

つまり、私たちは怖い鬼に出会って手足を取られなくても、この旅人と同じように一年ほどで物質的にはだいたい入れ替わっているわけです。それにもかかわらず、感覚的には生まれたときからずっと「自分は自分である」という変わりない「我」の感覚を持ち続けています。

福岡氏の説を借りると、私たちの「身体」はいまも絶え間なく変化し続けています。その変化し続けている流れの中で、勝手に自我の感覚を肥大化させ、執着して苦しんでいるのが私たちの姿ということになります。

身体がある限り「我」の感覚がなくなることは絶対にありませんし、そこへの執着から、苦しみは必ず発生します。

しかし、「自分はそもそも何者でもない」ということが分かっていれば、無駄な「我」への執着やそこからの苦しみが少しは薄れるかもしれません。

仏教には「諸法無我」という教えがあります。これは、すべてのものは、因縁によって生じたものであって実体性がないことを表しています。ですから、この世に生きている私たち一人一人も実体はなく、たまたま周りのおかげで生かされているにすぎません。

「俺が俺がの『我』を捨てて、おかげおかげの『げ』で生きよ」。この言葉に倣って、「俺が」という感覚に極力執われず、「お蔭さままで生かされている」という感謝の気持ちを持って生活を送りたいものです。

15

「三毒」が諸悪の根源

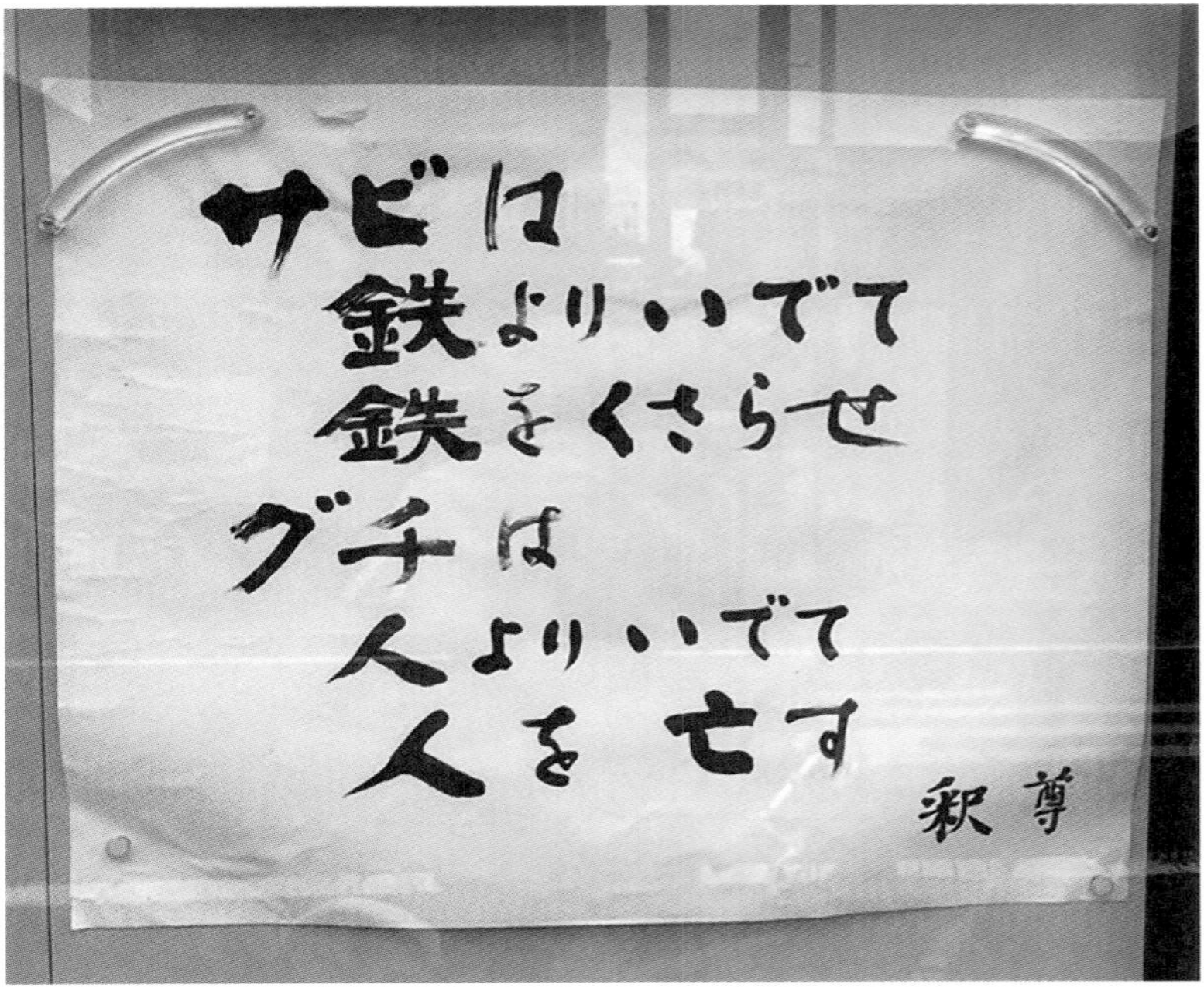
サビは
鉄よりいでて
鉄をくさらせ
グチは
人よりいでて
人を亡す
釈尊

玄忠寺（静岡）
投稿者：suzukisekizai_shizuokashi

「いつも愚痴ばかりもらしている人」が身の回りにいませんか？

　周囲の人たちに不平不満を話すことで、本人はストレス解消をしているつもりかもしれませんが、それは逆に自分自身を滅ぼす原因にもなります。この掲示板は『法句経』の以下の言葉に由来していると思われます。

鉄から起った錆が、
それから起ったのに、
鉄自身を損なうように、
悪をなしたならば、
自分の業が罪を犯した人を
悪いところ（地獄）にみちびく。
（中村元訳『ブッダの真理のことば　感興のことば』、岩波文庫）

　「愚痴」は、「貪欲」（むさぼり）・「瞋《しん》恚《に》」（いかり）と並んで三毒と呼ばれ、人間の諸悪・苦しみの根源とされています。仏教で言う「愚痴」とは、不平不満を漏らすという意味よりも、根源的な愚かさのような意味合いがあり、そこには「妄想、混乱、嫉妬、ねたみ」などの意味も含まれています。

　そのような「愚痴」が身を滅ぼすエピソードが『スッタニパータ』という経典の中にあります。コーカーリヤというお弟子さんが舎利弗《しゃりほつ》と目連という優秀な弟子仲間に嫉妬し、お釈迦様に対して「彼らは邪念をもっている」と何度も訴えます。そこには後継者候補の舎利弗たちを教団から追放したかったという意図があったようですが、お釈迦様にはまったく聞き入れてもらえませんでした。その後、彼はお釈迦様のもとを離れ、病気に苦しみ、地獄に落ちたと書かれています。

　シェークスピア『ヘンリー八世』の中に、「敵のために暖炉を熱しす

ぎて　おのが身を焦がさぬように(Heat not a furnace for your foe so hot that it do singe yourself)」という言葉があります。コーカーリヤは勝手に舎利弗や目連を敵と設定し、彼らに対して大きな憎しみを抱き、最後に自分自身の身を焦がしてしまったのです。

相手への憎しみのあまり自分自身が見えなくなり、敵を傷つけようとして、自身を傷つけてしまった。非常に皮肉なことです。お釈迦様はこのときに以下の言葉を残されています。

> 人が生まれたときには、実に口の中には斧が生じている。愚者は悪口を言って、その斧によって自分を斬り割くのである。(中村元訳『ブッダのことば――スッタニパータ』、岩波文庫)

普段から悪口ばかりを言っていると、悪口を言う人が周りに集まってきます。そうすると、自分がいないところで周りから悪口を言われているのではないかと疑心暗鬼の気持ちが芽生えるようになり、自己肯定感が下がり、と徐々に悪循環に陥っていきます。そして、それがエスカレートすると最後には、自分の心や身体を滅ぼしてしまう結果になるのです。

きっかけはすべて「私の口」にあります。みなさんも気づかないうちに口の中にある斧で自分自身の心や身体を切りつけているかもしれません。最後にもう一つ『スッタニパータ』の言葉を紹介します。

> 自分を苦しめず、また他人を害しないことばのみを語れ。(同前)

発する言葉にはくれぐれも気を付けたいものです。

16

何事もすべて原因がある

猫をしかる
前に
魚をおくな
板橋 興宗
お寺に来たら
まず本堂前で
手を合わせましょう

鳳林寺（静岡）
投稿者：@holyji

板橋興宗禅師は二〇二〇年七月五日にお亡くなりになられました。生前は曹洞宗の管長や大本山總持寺《そうじじ》の貫首を務められ、福井県にある御誕生寺のご住職でもありました。境内で数十匹の猫の世話をしていたことから、そのお寺は「猫寺」の愛称でも親しまれています。

猫をこよなく愛した板橋禅師らしい言葉です。仏教ではすべての現象は原因と結果の関係になっているという因果論を説きますが、この言葉はまさにその「因果」を表しています。

この掲示板の場合、「猫が魚を盗んだ」という結果の前に「猫の手に届くところに魚を置いてしまった」という原因があります。猫に腹を立てて叱るより、原因を作った自らを省みようと言っているのです。

仏教の因果論の中で特に有名なものが「善因善果」「悪因悪果」という言葉。これは「善い行為や思考は善い結果をもたらし、悪い行為や思考は悪い結果をもたらす」という意味を持っています。

多くの人たちがそんなこと当たり前だろうと思うかもしれません。しかし、頭では分かっていても、実際に善い行為や思考だけを実践できる人はおそらくいないでしょう。たいていの人間は、欲望や負の感情に従って悪事をなし、罪の報い（結果）が現れた後に苦悩します。そして、その悪い結果が原因となり、さらに悪い結果がもたらされるという負の連鎖が発生してしまうのです。

また、たとえ自分が善い思考や行為を人生の中で積み重ね、自分にとって善い結果を待ち望んだとしても、突然理不尽な事（悪い結果）に見舞われ、心が折れてしまうことがあります。天災や不慮の事故・事件、病気に遭遇した場合、それらは自分の努力ではどうにもならないのです。

　このようなことをお釈迦さまは「一切皆苦《いっさいかいく》」（人生は思い通りにならない）と表現しました。釈徹宗師は著書の中で、以下のようにおっしゃっています。

> 自分の都合通りに、報い（＝結果）がコントロールできれば、仏教など必要ありません。なぜ仏教が生まれたのか。それは、生きるうえでの重大な問題（たとえば老病死など）は〝思い通りにならない〟からです。むしろ〝思い〟（＝自分の都合）の方を調える。そうすることで、苦悩を引き受けて生きることができるのです。その意味では、自分の都合を調える方向の努力（精進）は必ず報われるわけです。（釈徹宗、笑い飯・哲夫『みんな、忙しすぎませんかね？――しんどい時は仏教で考える。』、大和書房）

　世の中のどうにもならない問題の前では、自分の「思い」を調えることが重要だと釈師は説いています。こうした〝思いを調える〟方法として、「原因の確認・分析」があります。仏教は「原因に縁《よ》って生起する」という縁起思想が教えの根幹にあり、お釈迦さまは苦しみが発生するメカニズムを大変細かく分析されています。ですから、目の前の結果に一喜一憂するのではなく、原因を分析して探っていく姿勢が仏教的には非常に重要なのです。

　もし怒りの感情が収まらないようなことが起こったときは、必ずその原因を確認してみてください。これはものすごくシンプルなことですが、原因を確認・分析する思考の癖がつくだけで物事の見方が変わり、それによって心の在り方が変わってくるのです。

17

見返りを求めない

妙円寺（東京）
投稿者：@renkouzan

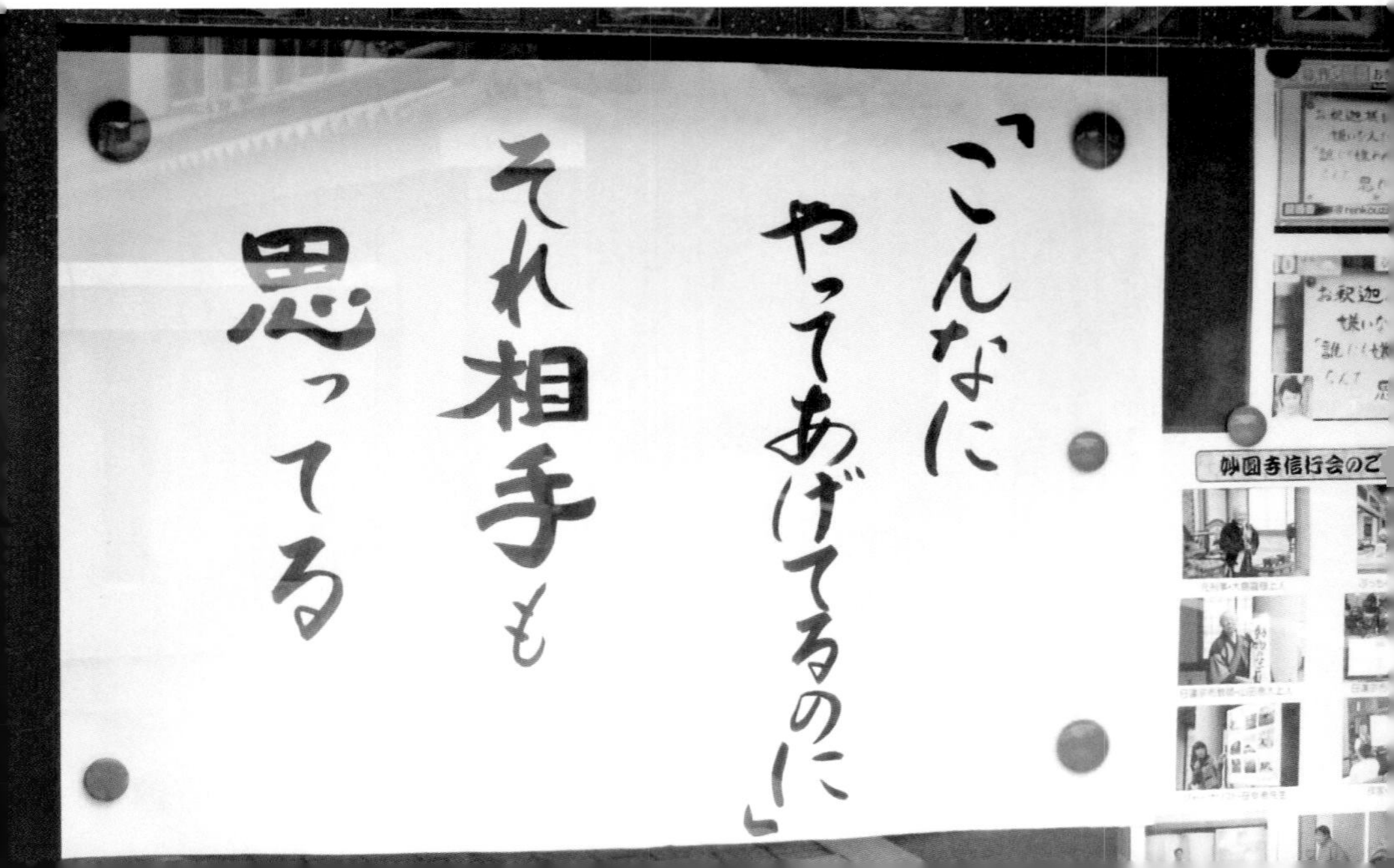
「こんなにやってあげてるのに」
それ相手も
思ってる

自分の思いはなかなか他人には伝わらないものです。どんな人でも「こんなにやってあげてるのに」と他人に対して思ったことが一度はあるのではないでしょうか。

「かけた情けは水に流せ。受けた恩は石に刻め」という有名な言葉がありますが、「かけた情けをしっかり石に刻んでしまう」のが私たちです。

他人のために何かしてあげることを、仏教では一般的に「布施」といいます。布施を言葉で説明するのは簡単ですが、純粋な布施を実践するのはとてつもなく困難です。それはなぜか。布施と呼ばれる行為は基本的に「三輪清浄《さんりんしょうじょう》」でなければならないからです。

「三輪」とは本来、身業《しんごう》（体の動作や所作）・口業《くごう》（言葉）・意業《いごう》（意識や心の働き）の三業のことであり、「三輪清浄」とは三業のすべてが清らかに働いていることを指します。

これがお布施の場合は、「施す者」・「施しを受ける者」・「施す物」を指し、これらの三つが清浄であることを「三輪清浄」と呼びます。

「施す者」は「してあげた」という執着を心に持ってはいけません。「施しを受ける者」も「たったこれだけ？」という欲望にとらわれてはいけません。また、「施す物」が盗品などの不純な物の場合も認められないことになっています。これらの三つがきっちり成立することによって、初めて「布施」を実践したことになるのです。

とはいえ、施す者はついつい「こんなにしてあげたのに」という思いが心に湧いてしまいます。この「のに」という見返りを求める気持ちが他者とのトラブルの原因になります。

五〜六世紀頃に数多くの寺院や仏塔を建て、中国仏教界のために莫大な貢献をした蕭衍《しょうえん》という梁《りょう》の初代皇帝がいました。彼が、「これによって自分にはどんな功徳《くどく》がもたらされるだろうか？」と達磨《だるま》大師に質問したところ、達磨大師はたった一言「無功徳」と答えたそうです。この「無功徳」とは文字通り何の功徳もないということであり、これは見返りを求めることを戒めたエピソードとして知られています。

蕭衍の心の中には、「仏教界に対して非常に貢献したのに」という気持ちがあったようです。達磨大師の言葉が冷たく響きますが、仏教ではこれが正解なのでしょう。

『大般涅槃経《だいはつねはんぎょう》』の中にも理想的な布施が説かれています。

乞《こ》うものを見て与えるのは施しであるが、最上の施しとはいえない。心を開いて、自ら進んで他人に施すのが最上の施しである。また、ときどき施すのも最上の施しではない。常に施すのが最上の施しである。

施した後で悔いたり、施して誇りがましく思うのは、最上の施しではない。施して喜び、施した自分と、施しを受けた人と、施したものと、この三つをともに忘れるのが最上の施しである。（『仏教聖典』、仏教伝道協会）

自ら進んで常に布施を実践しつつ、「施した自分」と「施された他人」と「施したもの」の三つすべてを完全に忘れることが大切なポイントのようです。完璧な布施を実践することの難しさがよくわかりますね。

私たちは、最初「布施」の気持ちで施したとしても、見返りを求めてしまう瞬間（「やってあげているのに」と思う瞬間）がたびたび生じます。心の中で「のに」という憤りが相手に対して起きたときは、見返りに強く執着している自身の姿をしっかり見つめて、反省しましょう。

18

「良き先祖」となるために

『星の王子さま』でよく知られているフランスの作家で飛行機乗りでもあるアントワーヌ・ド・サン＝テグジュペリの言葉です。彼は「心で見なくちゃ、ものごとはよく見えない。肝心なことは、目に見えないんだよ」など、数々の名言を残しています。

地球は私たちの専有物ではありません。自然破壊が急速に進んでいる今だからこそ、子孫の視点から語りかけてくる言葉が心に響きます。

現在、『The Good Ancestor』というタイトルの書籍が海外で話題になっているそうです。みなさんは「どのように振る舞えば、子孫たちから良き先祖と呼ばれるのか」と考えたことがありますか？　現在、「持続可能な開発目標（SDGs）」が盛んに叫ばれていますが、五十年後、百年後を生きる人たちに感謝されるような「良き先祖」を目指したいものです。

千蔵院（新潟）
投稿者：@foiru7

19

「自慢」は煩悩のはじまり

林光院（東京）
投稿者：@219karate

世の中には自慢話を延々とする人がいます。以前、「過去を自慢するのは進歩の止まった証拠」という掲示板があり、それをダイヤモンド・オンラインの連載で紹介したところ、「自慢ばかりをして仕事をしない上司の机の上にその言葉を貼ってやりたい」との意見が寄せられていました。

自慢話をしている本人は大変気持ち良いかもしれませんが、同じ話を何度も聞かされるほうはたまったものではありません。過去の自慢話（武勇伝や成功物語）を繰り返す人たちは、過去の特定の出来事にとらわれ、思いあがってしまっているのです。

「自慢」の「慢」という言葉は、サンスクリット語の「マーナ」に由来していると言われています。これは仏教で説く煩悩の一つであり、自己中心的な思い上がりの心を指したものです。また、仏教には「増上慢」という言葉もあります。これは、悟りを得ていないのに得たと思い込んで高ぶった慢心のことです。

この言葉を掲示していた林光院さんは天台宗のお寺ですが、天台三大部の『摩《ま》訶《か》止《し》観《かん》』の中では、「智慧」とは「観」を意味します。つまり、さまざまなものと比較することなく、ありのままに物事をみることが「観」であり、これこそがまさに「智慧」なのです。

しかし、人間はさまざまな先入観や偏見を持ち合わせているため、ありのままに物事を観察することが困難です。そして、心の中に「慢」が存在すると、その見方はさらに大きく狂ってしまいます。

自慢とは、非常に強い執着心のことです。自慢の心が自分自身の観察力に大変大きな悪影響を及ぼすことをしっかり覚えておきましょう。

20

地獄も自分の心次第

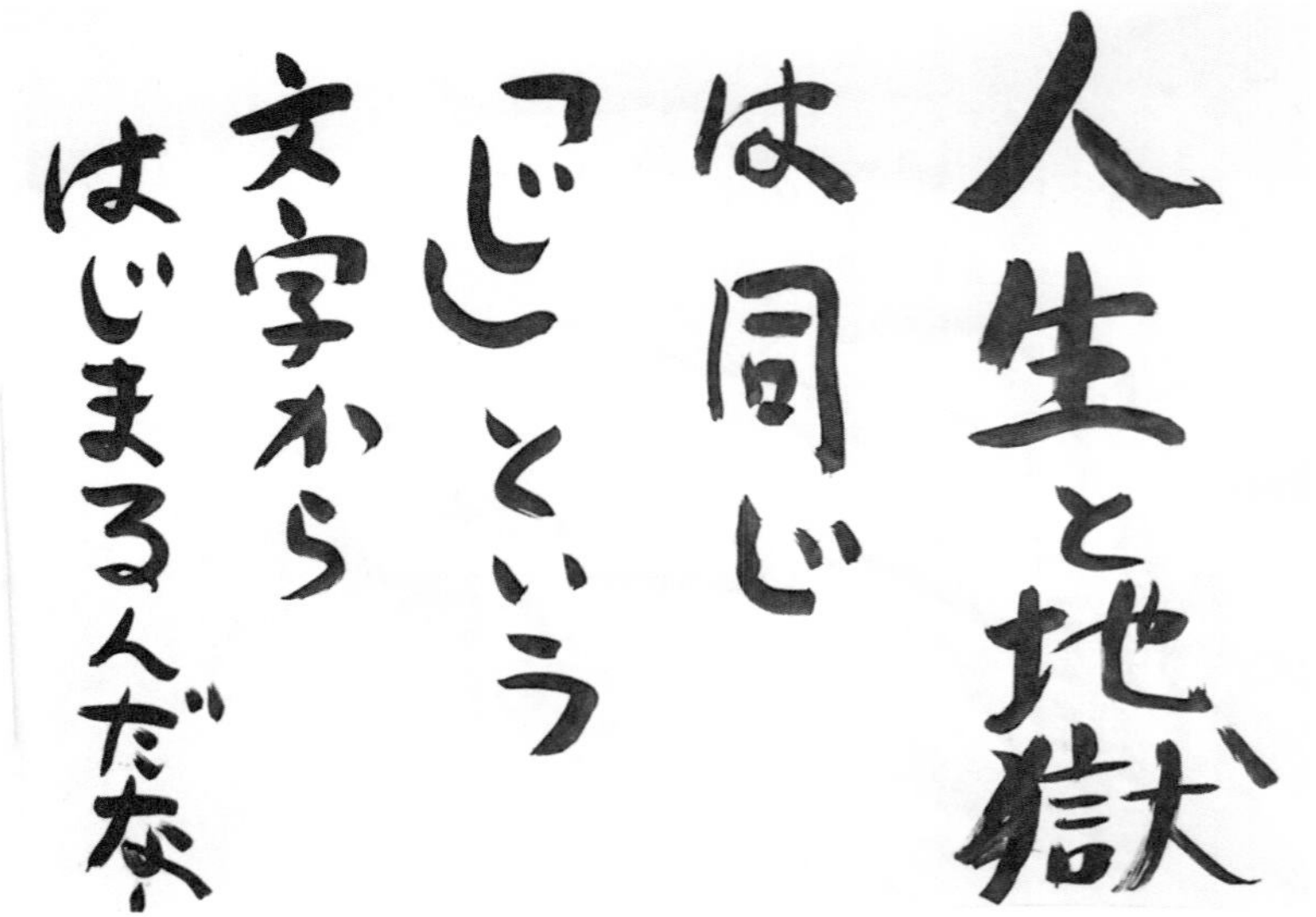
人生と地獄
は同じ
「じ」という
文字から
はじまるんだな

光蓮寺ビハーラハウス（岩手）
投稿者：@honganikiss

岩手県盛岡市にある光蓮寺ビハーラハウスの掲示板です。ビハーラとは、サンスクリット語で精舎《しょうじゃ》、僧院、寺院あるいは安住・休養の場所を意味します。

投稿された方のコメント欄には、「人生も地獄も自分でつくるときがあるから、同じ『じ』という文字からはじまるんだな」とありました。

一般的に「地獄」とは、この世での罪業によって導かれる死後の世界を指します。仏教における「地獄」とは「奈落」と同じ意味であり、その語源はサンスクリット語の「ナラカ」です。

私たちが想像する地獄の光景は、平安時代に恵《え》心《しん》僧都《そうず》源信《げんしん》が著した『往生要集《おうじょうようしゅう》』の地獄の様子に、ほぼ由来しているといわれています。極楽浄土と対比する形でそこに描かれた地獄は、八つの地獄にそれぞれ十六の小地獄があるとし、全部で百三十六の地獄が示されています。これらは主に多くの経典に説かれている地獄説を体系化してまとめたものです。

二〇一七年に「地獄絵ワンダーランド」という展覧会が東京・日本橋の三井記念美術館で開催され、鑑賞してきました。そこには日本古来の地獄絵から水木しげる氏の地獄絵まで多数展示され、その中には当然怖ろしい絵も数多くありました。

そのとき、それらの絵画を若い女性グループが意外にも楽しそうに見ていたのが印象的でした。その様子を見て、現在では地獄自体がファンタジーであり、リアリティを持たなくなっているということを強く実感しました。

しかし、かつては地獄の話を聞き、地獄絵を見て震え上がった人が数多くいました。幼少期の白隠《はくいん》禅師もそのひとりです。のちに臨済宗中興の祖となる江戸中期の禅僧ですが、幼い白隠は地獄のことを非常に恐れ、それが仏道に入るきっかけにもなったそうです。「地獄」にまつわる白隠のエピソードがあります。

ひとりの武士が白隠のところに来て、「地獄や極楽はあるのか？」と質問しました。そのときに白隠は「武士ともあろう者が死が怖くなったのか？　そんなことを気にするとは全くの腰抜けだな」と言ったそうです。その発言に腹をたてた武士が刀を抜いて切りかかろうとした瞬間、「それ、そこが地獄じゃ！」と白隠は叫びました。その言葉で我に返った武士は正座をして頭を下げ詫びるのですが、その時に「それ、そこが極楽じゃ！」と言ったそうです。

このやり取りからうかがえることは、この世の中にも、自分の心次第で「地獄」や「極楽」が現出するということです。

悲惨な事件や事故が起こった時によく、それらの現場を「地獄絵図」と表現しますが、私たち人間がこの世界の中で地獄を作り出すことが数多くあります。第二次世界大戦中の強制収容所アウシュビッツもそうですし、広島や長崎での原爆投下も間違いなく人類がこの世の中で作り出した地獄だといえるでしょう。

遠い昔から、世界の至るところで死後の地獄について語られてきました。そこでの地獄や地獄絵を空想の産物として一笑に付すことは誰にでもできます。

しかし、地獄は現実のこの世界にも存在することを忘れてはなりません。地獄自体を作り上げられたファンタジーとして捉えるのではなく、自分自身がこの世の中で地獄を創出し、それを体験する主体になりうることをしっかり自覚しておきましょう。

21

過去を振り返らず、未来を追い求めない

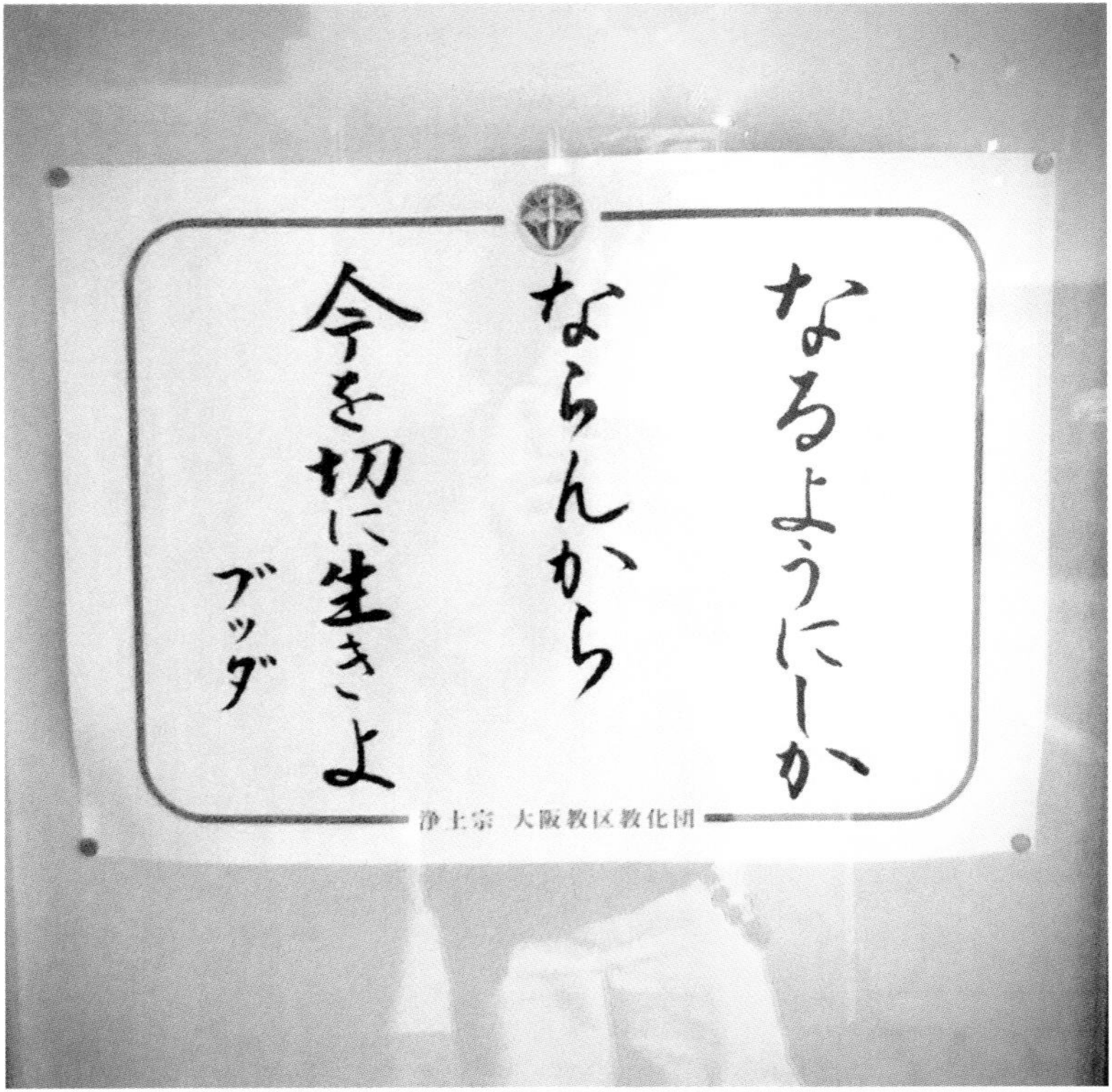
なるようにしか
ならんから
今を切に生きよ
ブッダ
浄土宗 大阪教区教化団

白蓮寺（大阪）
投稿者：nakatasatoshi

この言葉は多くのお寺の掲示板にお釈迦さまの言葉として登場しており、一般的には以下のような文章で張り出されています。

> 思いわずらうな。なるようにしかならんから今を切に生きよ。

私たちはときどき未来のことを考えて、憂鬱になります。例えば「老後の生活には二千万円以上の資金が必要」というニュースが流れると、多くの人々が焦り、まだ見ぬ未来を悲観します。

もちろん二千万円以上必要な方もいるでしょうが、すべての人がそうとは限りません。しかし、ニュースを聞くことで自分の将来が非常に不安になり、まだ知りえぬ未来に対して、取り越し苦労を強いられるのです。

現在は新型コロナウイルスに関する多くの情報によって、未来を心配する人々が大変多い状況ですが、そのような人たちの姿を浄土真宗僧侶の大來尚順《おおぎしょうじゅん》師は『京都新聞』の紙面で「『幽霊』のようになっている」と指摘していました。

> 長い髪を引きずり、両手を前に出し、足がないのが一般的な幽霊のイメージだ。髪は過去への執着、手は先のことにとらわれて取り越し苦労をしている姿、足がないのは宙に浮いて今がないことを表している。
> （『京都新聞』二〇二〇年五月十七日）

「幽霊」とは、過去や未来にとらわれて、現在を生きていない象徴なんですね。みなさんは〝幽霊〟にならずにしっかり今に集中して生きることができていますか。

過去や未来ではなく、今に集中することの大切さを説く禅の言葉に

「前後際断」というものがあります。これは臨済宗の沢庵《たくあん》禅師が『不動智《ふどうち》神妙録《しんみょうろく》』という書物の中で言及しており、「前（過去）と今、今と後（未来）の際を切り離して今を生きよ」という意味を含んでいます。

日本ハムや阪神で活躍された下柳剛選手は、不調に陥っていた時、この「前後際断」という言葉に強い感銘を受けました。ピッチャーはたとえ失投して打たれたとしても、試合中に一球の後悔を決してひきずるわけにはいきません。試合は続いていきます。そこでは過去を切り離す強靭なメンタルが常に求められるのです。

阪神に移籍してすぐの頃、下柳投手は自身のグローブに「前後際断」と刺繍して、どんな状況に陥ってもマウンドでその言葉を常に見ながら、目の前の一球に全力を尽くすことを心掛けたそうです。その結果、下柳選手は不調を乗り越え、三十七歳の時に最多勝のタイトルを獲得します。

『中部経典』の中の「一夜賢者の偈」に以下のような一節があります。

過去を振り返るな、未来を追い求めるな。
過去となったものはすでに捨て去られたもの、
一方、未来にあるものはいまだ到達しないもの。
そこで、いまあるものをそれぞれについて観察し、
左右されずに、動揺せずに、それを認知して、増大させよ。（中村元監修『原始仏典〈第7巻〉中部経典4』、春秋社）

過去や未来にとらわれず（「幽霊」にならず）、目の前にある貴重な一瞬を大切にしながら生活を送りたいものです。

コラム②

「思わずつぶやいてしまいました」

ご住職の〝ひとりごと〟が聞こえてくるような掲示板の数々。その人柄や嗜好が伝わってくるのも、お寺の掲示板の魅力のひとつです。

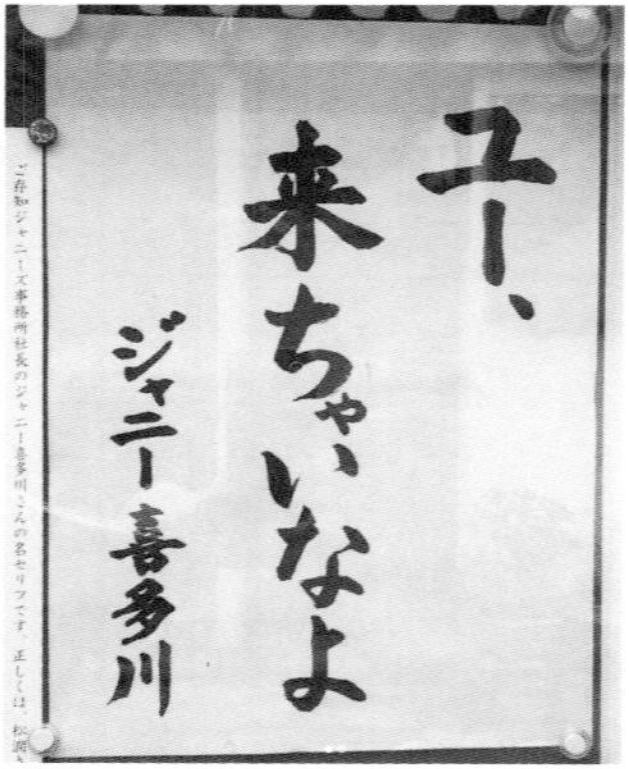
ユー、来ちゃいなよ
ジャニー喜多川

眞光寺（大阪）

本書の最後にも登場している大阪の眞光寺さんの掲示板。ジャニーズ事務所を設立、時代を代表する数多くのアイドルたちを育て、二〇一九年に亡くなったジャニー喜多川氏の大変有名な口癖ですが、いまとなっては浄土からの声としても聞こえてしまうところが少し深いです。

大のカープファンでも知られる超覚寺の住職・和田隆恩師の言葉。二〇二一年八月上旬現在、広島カープは残念ながら五位。今年はかなり厳しい修行になっているのではないかと推察されます。

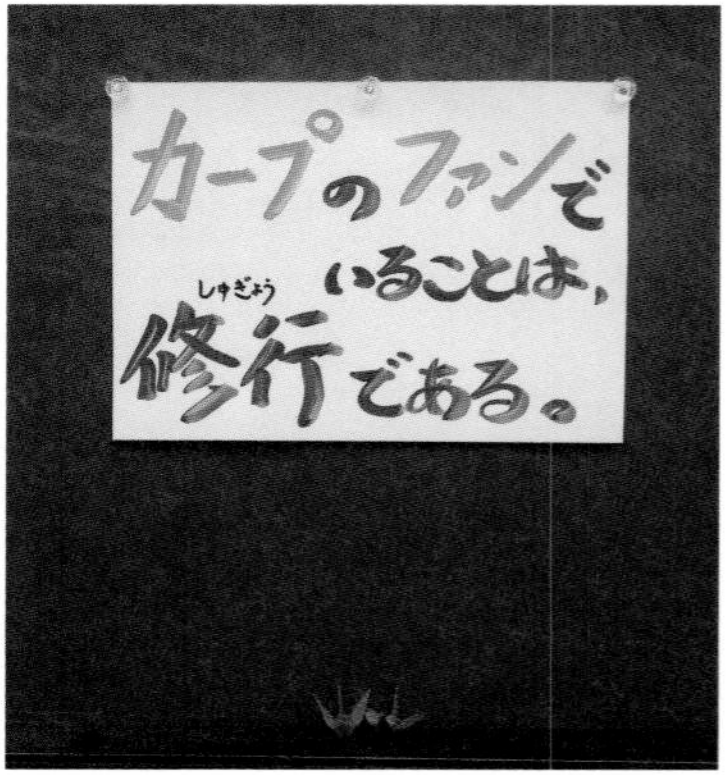
カープのファンでいることは、修行《しゅぎょう》である。

超覚寺（広島）

雲西寺（大分）

貴乃花と仏教の関係について思わず調べてしまいましたが、書かれた前住職さんに聞いたところ、「この時貴乃花がピンチだったので、どうしても応援したかった！特に貴乃花のファンではありません」とのこと。

安楽寺さんは長野県上田市の大変緑豊かな場所にあり、投稿者の方も思わず掲示板の前で深呼吸をしたそうです。非常にシンプルですが、空気が綺麗な場所であることを存分に生かした作品。みなさんも一度深呼吸をしてみましょう。

安楽寺（長野）

『次課・長州の力旅』（BSフジ）という番組の収録の際に、元プロレスラーの長州力さんが書かれた作品。「お寺の掲示板大賞」で唯一の芸能人直筆の掲示板であり、引退後の現在の心境を語ったものだそうです。

妙円寺（東京）

主催する立場として、ご住職さんに思わず謝りたくなるような作品です。掲示板大賞のようなコンテストや競争に強く執着すると、苦しみが発生することを示唆しています。二〇二〇年「お寺の窓口賞」受賞作品。

本明寺（東京）

三　あの人の、あの言葉

鳳林寺（静岡）
投稿者：@holyji

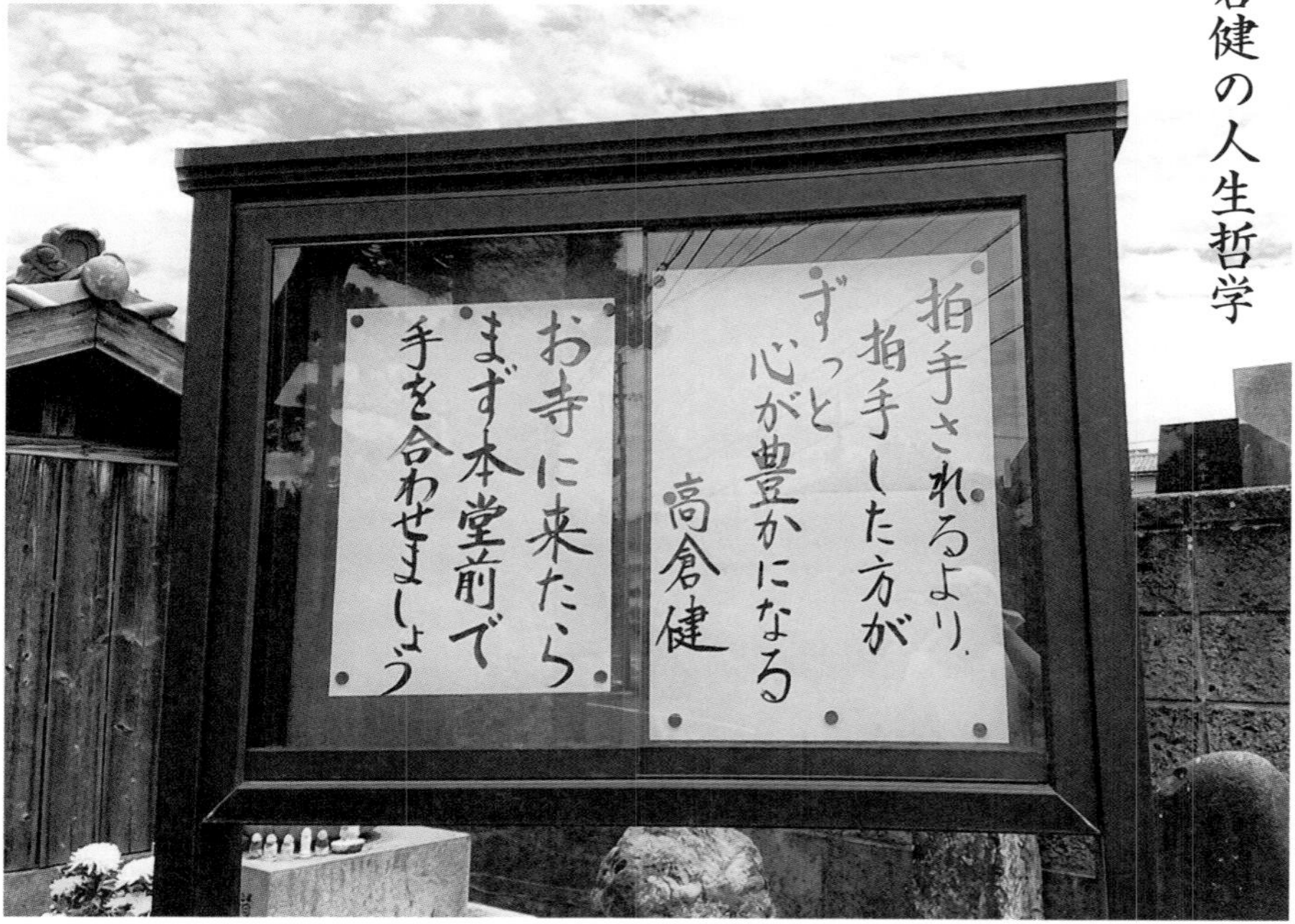
拍手されるより、
拍手した方が
ずっと
心が豊かになる
高倉健
お寺に来たら
まず本堂前で
手を合わせましょう

この言葉を実践している高倉健さんの姿を一度テレビでお見かけしたことがあります。二〇〇〇年の第二十三回日本アカデミー賞授賞式のことでした。ナインティナインの岡村隆史さんが主演した『無問題』が話題賞を受賞し、壇上で岡村さんが「将来は高倉健さんみたいな俳優になりたいです」と発言したところ、会場の空気が凍り付きました。

　岡村さんはそのとき相当焦ったと思いますが、会場にいた高倉健さんがひとり立ち上がり、大きな拍手を送ったのです。この拍手によって会場の空気がぐっと和やかになり、岡村さんは救われました。

　これを見たとき、大変思いやりにあふれた方なのだということが伝わってきましたし、広い会場の中でひとり拍手を送った後ろ姿が格好良かったことを今でも覚えています。

　おそらく、この掲示板の言葉が常に頭の中にあったからこそ、迷うことなく立ち上がり、若い岡村さんに対しても拍手ができたのでしょう。

　高倉健さんは二〇一四年に八十三歳で亡くなられました。生涯の座右の銘は「往く道は精進にして、忍びて終わり悔いなし」。千日回峰行を二度満行した天台宗の僧侶、酒井雄哉大阿《だいあ》闍梨《じゃり》から直接言葉を教わったそうです。

　この言葉は『仏説無量寿経』の中の「我行精進《がぎょうしょうじん》 忍終不悔《にんじゅうふけ》」という言葉に由来しています。「たとえどんな苦難にこの身を沈めても、さとりを求めて耐え忍び、修行に励んで決して悔いることはない」という法蔵菩薩の誓いの言葉であり、法蔵菩薩は長きにわたる修行を経て、阿弥陀仏となられました。これは、「すべての人々を救うためにはどんな苦難をも耐え忍ぶ」という、非常に重たい覚悟がこもった言葉といえます。

映画の世界の第一線にずっと立ち続ける人生は苦難の連続だったことでしょう。しかし、この言葉を胸に大変強い覚悟を常に持ち続けていたからこそ、俳優人生を全うできたのかもしれません。そして、多くの苦難を経験したからこそ、周囲へ拍手を送ることができる思いやりの気持ちが持てたのでしょう。

二〇一二年にＮＨＫの『プロフェッショナル』という番組で高倉健さんの特集がありました。そのときに、岡村さんと『あなたへ』という映画で共演する際の密着映像が流れていました。高倉健さんが岡村さんに出演依頼をして実現した共演です。

二〇一〇年に岡村さんが体調を崩したとき、高倉健さんが励ましの手紙を送り、岡村さんはその手紙によって救われたそうです。復帰を果たした岡村さんに対して、番組で次のメッセージを送っていました。

> 仕事をやめたらやめたで終わりだからな。やめたらダメだ。何があってもやらないと。何があってもやる。続ける。命あるかぎり。やめたらダメだ。続いているやつが勝ちなんだ。

この言葉から高倉健さんの仕事への相当な覚悟がうかがえました。そして、最後に岡村さんが高倉健さんから手紙をもらったエピソードをカメラの前で話そうとしたときに、

> 手紙のことなんか言わない。男はぐっとためているものが目力にでるんだ。

高倉健さんだから言える言葉ですね。人生の中の苦難も喜びもぐっと心にためて、多くのことを語らない。このような言葉も覚えておきたいものです。

23

西原理恵子の名言

仏教伝道協会（東京）
撮影者：江田智昭

「お寺の掲示板大賞」を主催している公益財団法人仏教伝道協会の掲示板です。この言葉は、毎日新聞朝刊に週一回連載されていた『毎日かあさん』などで知られる漫画家の西原理恵子さんの言葉で、著書『洗えば使える泥名言』（文藝春秋）の中に登場します。夫の病と死など、人生の中でさまざまな修羅場をくぐり抜けてきた西原さんだからこそ説得力があります。

この言葉をダイヤモンド・オンラインの連載で紹介したところ、大変大きな反響がありました。ビジネス・パーソンにもかなり響く言葉なのかもしれません。西原氏の本の中には以下のような一節がありました。

「この人のことを憎み始めたら疲れてるな」という基準になる人がいるんです。〝ストレスのみおつくし〟って呼んでるんですけど、そのレベルで止めておかないと、どんどん憎しみが増殖して「あいつも憎い、こいつも死ねばいいのに」ってなって、帰ってこれなくなる。（西原理恵子『洗えば使える泥名言』、文藝春秋）

仏教には「怨憎会苦《おんぞうえく》」という言葉があります。人生の中で避けられない苦しみの一つであり、「嫌いな人や苦手な人に必ず出会わなければならない苦しみ」を指した言葉です。

おそらく周囲から人格者と呼ばれている人でも世の中に一人や二人は苦手な人が必ずいるはずです。自分にとって苦手な人と接すると憎しみの気持ちがじわじわと湧いてきますので、西原さんのように自分の憎しみのレベルや置かれている状況を冷静に見つめることが大切になってきます。

また、そのような感情は、確かにヒマを持て余しているときに強く湧き上がってくることが多いものです。ヒマなことを一般的に「退屈」とも表現しますが、この「退屈」という言葉はもともと仏教に由来していて、「仏道修行のあまりの厳しさに屈して、退いてしまうこと」を意味しています。つまり、「退屈」という状態は、本来「仏道修行に挫折して、精進しなくなること」を指す言葉なのです。

目標を見失い、集中力をなくし、退屈な状態に陥る。すると、心の中に雑念が湧いてきます。

この雑念は「憎む」だけではありません。悩んだり、不安になったり、心配になったりすることもある意味「ヒマ（退屈）な証拠」といえます。

アメリカの作家で自己啓発に関する著書を多く残したデール・カーネギーは、『道は開ける』の中で、コロンビア大学のジェームズ・L・マーセル教授の言葉を紹介しています。

悩みは人間が活動しているときではなく、一日の仕事が終わったときに人間に取りつき、害をなすことがもっとも多い。そんなときには、やたらに妄想がほとばしり、あらゆる種類のバカげた可能性を拾い上げ、取るに足らない失策を一つ一つ拡大して見せる。（略）悩みに対する治療法は、何か建設的な仕事に没頭することだ。（D・カーネギー『道は開ける』、創元社）

結局のところ、何らかの目標を持って、仕事でも遊びでも今の状況に没頭することが悩みや憎しみを少なくする一つの手段といえるでしょう。悩みや憎しみに現在取りつかれて困っているという方は、まず自分の置かれている状況を客観的に見つめ直してみてください。

24

「セカンド7番」の心意気

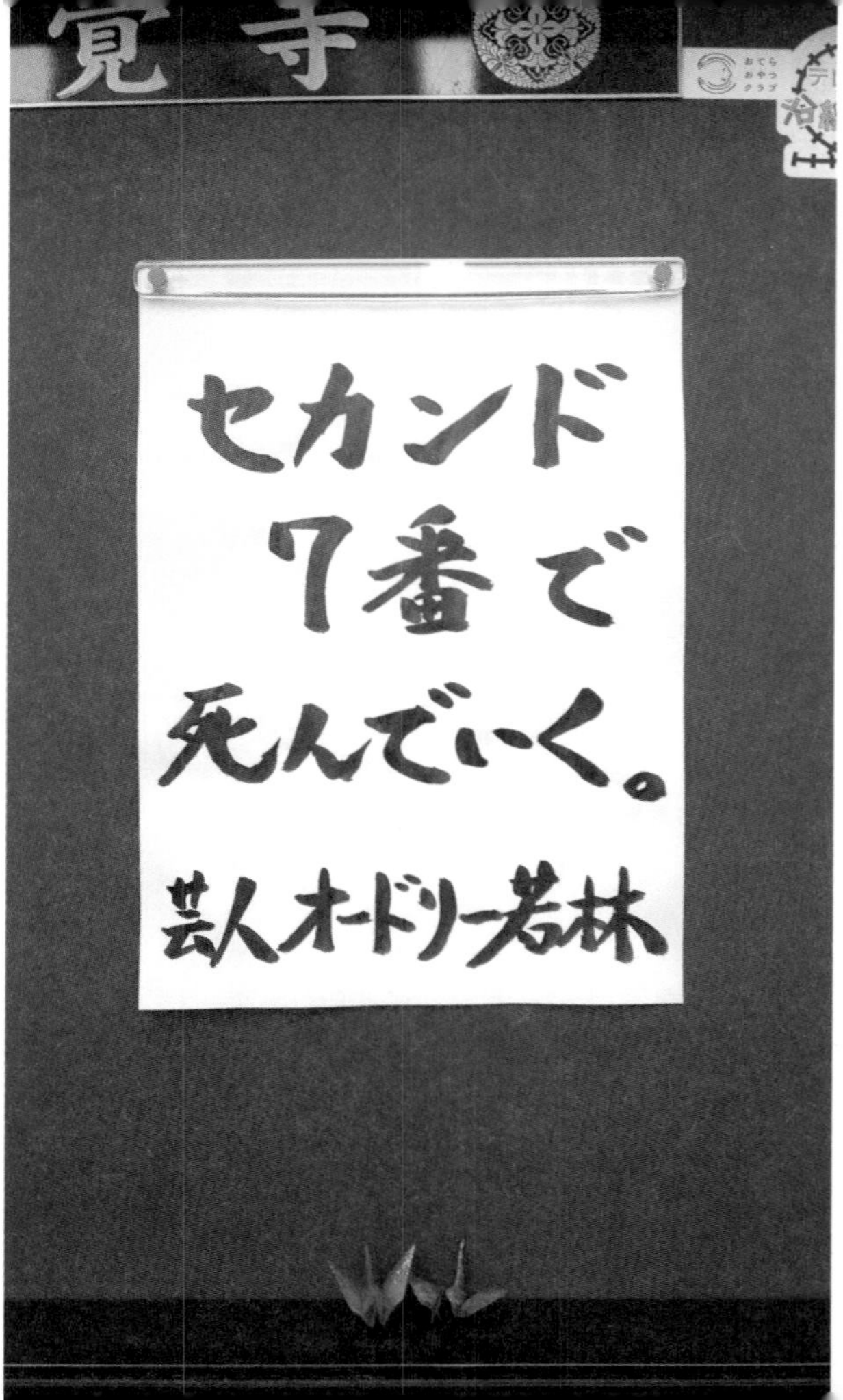
覚寺
セカンド
7番で
死んでいく。
芸人オードリー若林

超覚寺（広島）
投稿者：chokakuji

『あちこちオードリー』（テレビ東京系）という番組内でお笑い芸人の若林正恭さんがこんなことをおっしゃっていました。

セカンドの7番っていう役割が世の中にはあって、そいつはセカンドで守備がめちゃくちゃうまいんです。でも、守備がうまいって褒める人がいない。ただ、エラーしたらめちゃたたかれる。俺はね、その役回りをね、やっぱりコンプレックスだし、コンプレックスだったけど、もう腹くくってる。セカンド7番で死んでいく。これがね、スターの素振りしちゃうと痛いことになる。

オードリーの若林さんは現在数多くのレギュラー番組を抱える売れっ子ですが、この発言を聞く限り、今までかなりコンプレックスを抱えていたようです。若林さんはいつも堅実に仕事をこなし、番組を成立させていきます。このような人がいなければ番組が成り立たないのは確かですが、周囲の称賛がどうしても4番打者的な存在の人に集まるため、そのような人に対して憧れや嫉妬の感情が生じていたのでしょう。

人間は誰しも承認欲求を持っています。その承認欲求が根源となり、華やかな存在の人と自分の存在を比較することによって、人は不幸になってしまうのです。しかし、比較という行為はしょせん脳の中で生じている妄想にすぎません。若林さんは4番と自分を比較すること自体が無意味であることに気づかれたのでしょう。「自分ができることにしっかり徹しよう」という覚悟が、この「セカンド7番で死んでいく。」という言葉に表れています。

自分が4番をやりたいと思い、実際にその4番の役割をしっかりこなす素質や能力を備えていれば完璧ですが、現実の世界ではなかなかそうはうまくいきません。

以前、予備校講師でタレントの林修先生が『林先生が驚く初耳学！』（TBS系）という番組内で、「自分にできることは〝必然〟だけれど、自分のやりたいことはその時の環境やさまざまな情報によって左右される〝偶然〟にすぎない。だから、自分のやりたいことというものをあまり信用せず、自分ができることに徹している」と述べていました。

人生を振り返ってみると、自分のやりたいことはコロコロ変わっていませんか。子どもの頃は、たいてい親の意向や影響を強く受けて、やりたいことが決まるものですが、環境の変化で、すぐに変わってしまうものです。お釈迦様は『法句経』の中で、以下のようにおっしゃっています。

（自分ではない）他人の目的のために自分のつとめをすて去ってはならぬ。自分の目的を熟知して、自分のつとめに専念せよ。（中村元訳『ブッダの真理のことば 感興のことば』、岩波文庫）

自分の目的やつとめは社会の中で様々なことを体験し、チャレンジしながら発見することでもあります。

伝教大師最澄《でんぎょうだいしさいちょう》は「一隅《いちぐう》を照らす」という言葉を残されました。これには様々な解釈がありますが、一般的に自分が置かれている立場の中で仕事や生活を通じて、世のため人のために最善を尽くすことの大切さを表しています。

ですから、自らの置かれた立場を卑下する必要は全くありません。周囲の人たちとの立場の違いを気にすることなく、自らのできることに集中する意識を持ちましょう。

25

アントニオ猪木の人生訓

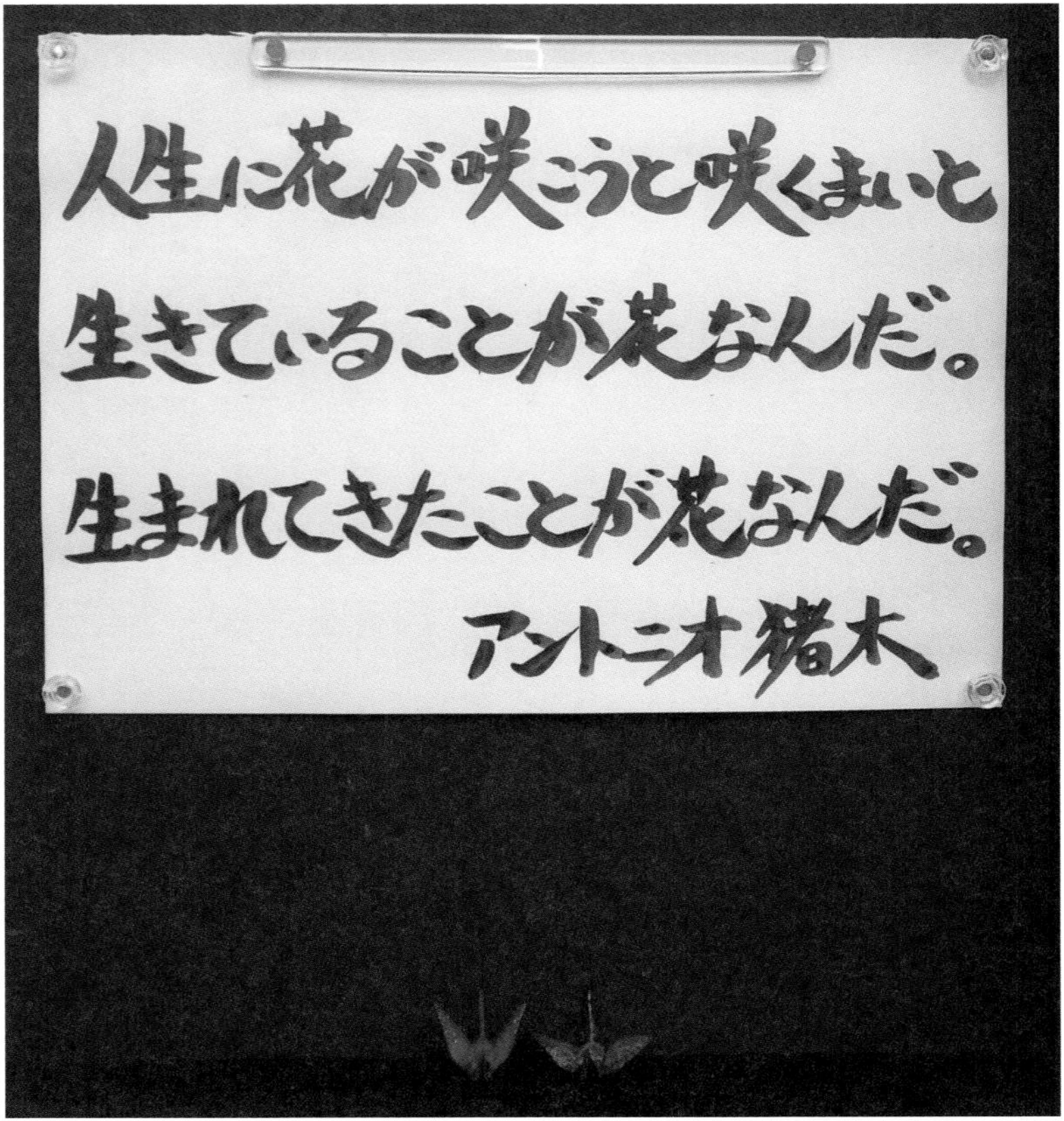
人生に花が咲こうと咲くまいと
生きていることが花なんだ。
生まれてきたことが花なんだ。
アントニオ猪木

超覚寺（広島）
投稿者：@chokakuji

燃える闘魂・アントニオ猪木さんの言葉です。猪木氏は、日本のプロレス界を長年引っ張ってきた偉大な英雄であり、ボクサーのモハメド・アリと対戦するなど、日本の異種格闘技の先駆者でもあります。

格闘界で一時代を築いた猪木氏ですが、最近は内臓系の重い病気を抱え、身体の状態が思わしくないようです。自身の動画をインターネット上に上げていますが、現役当時の姿とのあまりの違いに驚かれた方も多いかもしれません。猪木氏は自身の著書の中で以下のように述べています。

俺は、まず自分が生きていることに感謝したいと思っている。金持ちも貧乏も、見てくれがいい奴も悪い奴も、頭がいい奴も悪い奴も、正直者も嘘つきも、ただ生きているだけで本当は価値があるのだ。人間がその時その時を精一杯生きている姿こそが、もっとも美しい花なのである。

（アントニオ猪木『花が咲こうと咲くまいと生きていることが花なんだ』、経済界）

普通の人であれば、病気や老いによる弱った姿をあまり他人には見せたくないはずです。ましてや、あれだけの強さを誇った伝説の人物ですから、その気持ちはなおさら強いことでしょう。

しかし、猪木氏は何一つ恥じることなく自信を持って、病気や老いと戦っている自身の姿を世間に晒し続けています。まさにこの本に書かれている通り、「その時その時を精一杯生きている自分自身の姿こそが最も美しい花である」という固い信念を心の中に持っているからなのでしょう。

仏教では生・老・病・死の苦しみを「四苦」と呼び、それらを絶対に避けられない人生の中での苦しみとしています。

どんな人でも老いや病気によって体力や気力が衰え、若い頃には当たり前にできたことができなくなり、人生が思い通りにいかなくなってきます。これは嫌なことですが、決して避けて通ることはできません。

現在、病気や老いの姿を覆い隠そうとする考え方が世間には蔓延しています。老いに関して言うと、「アンチエイジング」という言葉がもてはやされ、老いからできる限り逃れようとする風潮があります。もちろん老いの先には死があるので、老いを恐れることは死を恐れることと同じことかもしれません。

しかし、若さや健康ばかりがもてはやされる世の中で、それらが幸福の象徴のように扱われるのも問題だと思います。そのような世間の風潮が、老いや病気に直面した際の苦しみを増大させる原因にもなっているのです。

釈徹宗師は『仏教ではこう考える』（学研新書）の中で、老いの苦しみへの対策の一つとして「諦めること（もしくは、引き受けること）」を挙げていました。

二十二頁で述べた通り、「諦める」というと、マイナスなイメージで捉えられがちですが、仏教は決してそうではありません。むしろ「真理を明らかに観ずる」という意味で、ポジティブな言葉になります。「どんな人でも病や老いを避けることができない」という真理を明らかに観て、それを引き受ける。これが仏教の姿勢です。

ですから、自身の老いや病気をそのまま受け入れ、そのような姿を最も美しい花と捉える猪木氏の価値観を、私たちもぜひ見習いたいものです。

26

芦田愛菜の「信じる」

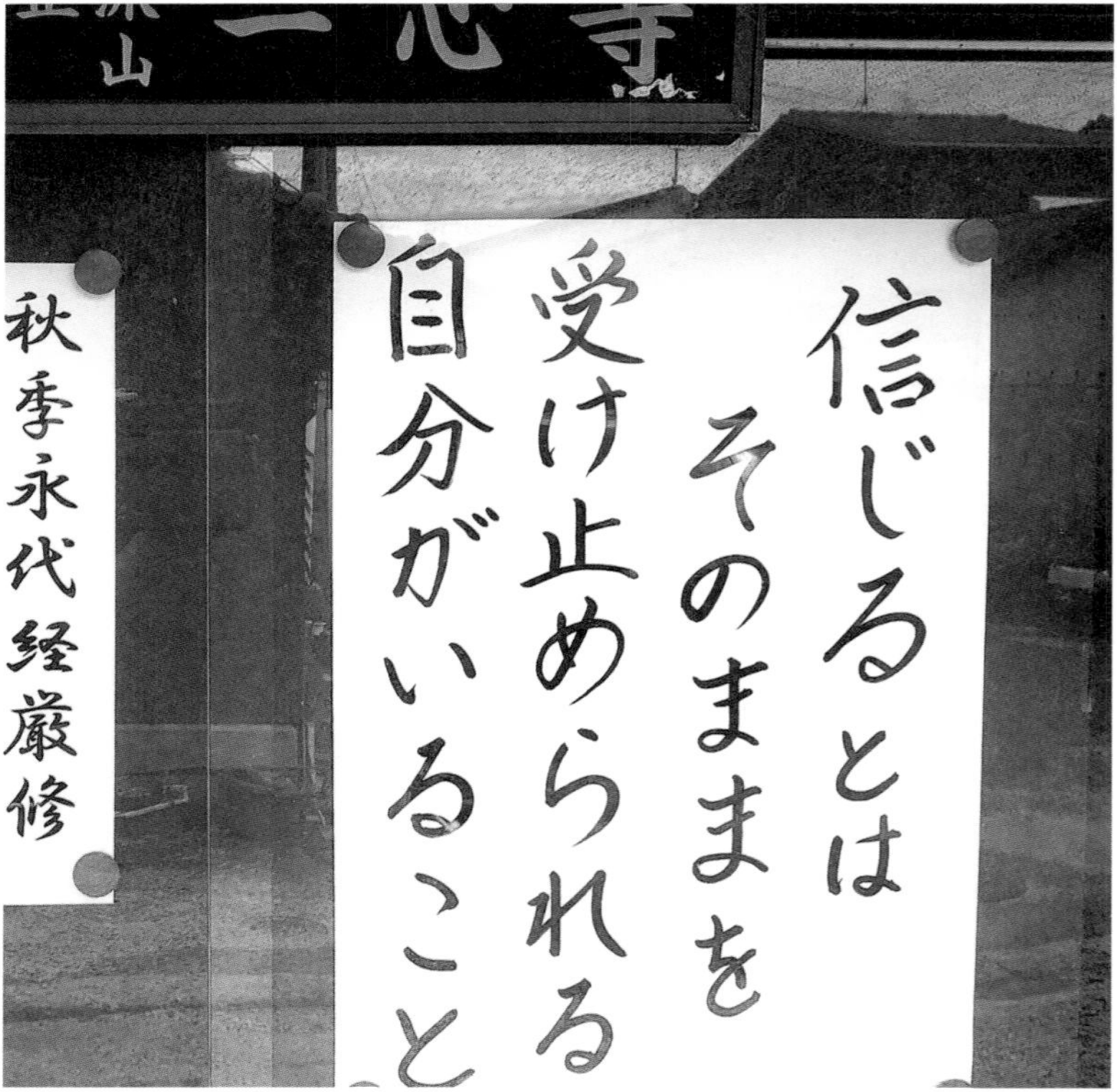
一心寺
信じるとは
そのままを
受け止められる
自分がいること
秋季永代経厳修

一心寺（香川）
投稿者：@masa480401

この言葉は、二〇二〇年に公開された映画『星の子』の完成報告イベントで、「信じる」について質問されたときに、主演の芦田愛菜さんが語ったことがベースにあります。実際は少し長いコメントですが、その一部をご紹介したいと思います。

「その人のことを信じようと思います」っていう言葉って結構使うと思うんですけど、「それがどういう意味なんだろう」って考えたときに、その人自身を信じているのではなくて、「自分が理想とする、その人の人物像みたいなものに期待してしまっていることなのかな」と感じて。だからこそ人は「裏切られた」とか、「期待していたのに」とか言うけれど、別にそれは「その人が裏切った」とかいうわけではなくて、「その人の見えなかった部分が見えただけ」であって、その見えなかった部分が見えたときに「それもその人なんだ」と受け止められる、「揺るがない自分がいる」というのが「信じられることなのかな」って思ったんです。

十六歳とはとても思えない「信じる」ことの本質を突いた深い洞察です。確かに私たちはたいてい他人の見たいところだけを見て、その部分に期待をかけることを「信じる」と呼んでいます。

「仏さま、神さまを信じる」という言葉も、自分にとって都合のよい期待（欲望）を託すときに用いてはいませんか。私たちの「信じる」とは、どこまでも自己中心的な部分（自身の欲望）から離れないものです。

この言葉を掲示したのは浄土真宗のお寺ですが、浄土真宗では、「信心」が非常に大切とされています。この「信心」は、上記の「信じる」

とは異なります。浄土真宗本願寺派の勧学であった霊山勝海和上《よしやましょうかいわじょう》は著書の中で次のように述べています。

> 信じるという一般の語は、思い込む、念じる、祈る、あるいは信念などの語と類似していて、私の意志の力で作り上げる心理作用である。これに対して他力の信心は阿弥陀仏の本願という法則を聞いて、なるほどとうなずくことである。（霊山勝海『歎異抄――親鸞己れの信を語る』、大東出版社）

私たちの「信じる」には、どうしても自己の意思が混じります。一方で、親鸞聖人が述べる「信心」は、自分の心から生まれるものではなく、阿弥陀仏からいただく阿弥陀仏の心。「信心」とは、阿弥陀仏の本願の教えを聞いて、ただうなずくことであると霊山和上は述べています。

同じ意味で「聞即信」という言葉があります。これは「阿弥陀仏の教えを聞いて、そのままを受け止めることがすなわち信心」ということであり、この言葉がまさに今回の掲示板の言葉につながっています。

親鸞聖人は『教行信証《きょうぎょうしんしょう》』の総序の中で「聞思して遅慮することなかれ」とおっしゃっています。「聞思」とは自分たちを摂《おさ》め取って決して捨てない阿弥陀仏の本願をそのまま聞かせていただくことであり、「遅慮」とは自分のはからいを交えて、ぐずぐず思いわずらうことです。

私たちはああでもない、こうでもないと考え込んで、どんなに有難いことでも自分の意思が邪魔をして、そのまま受け取れない時があります。それを戒めた言葉がまさにこの「聞思して遅慮することなかれ」であり、この短い言葉が浄土真宗の教えの根幹を表しているのです。

27

山下達郎の覚悟

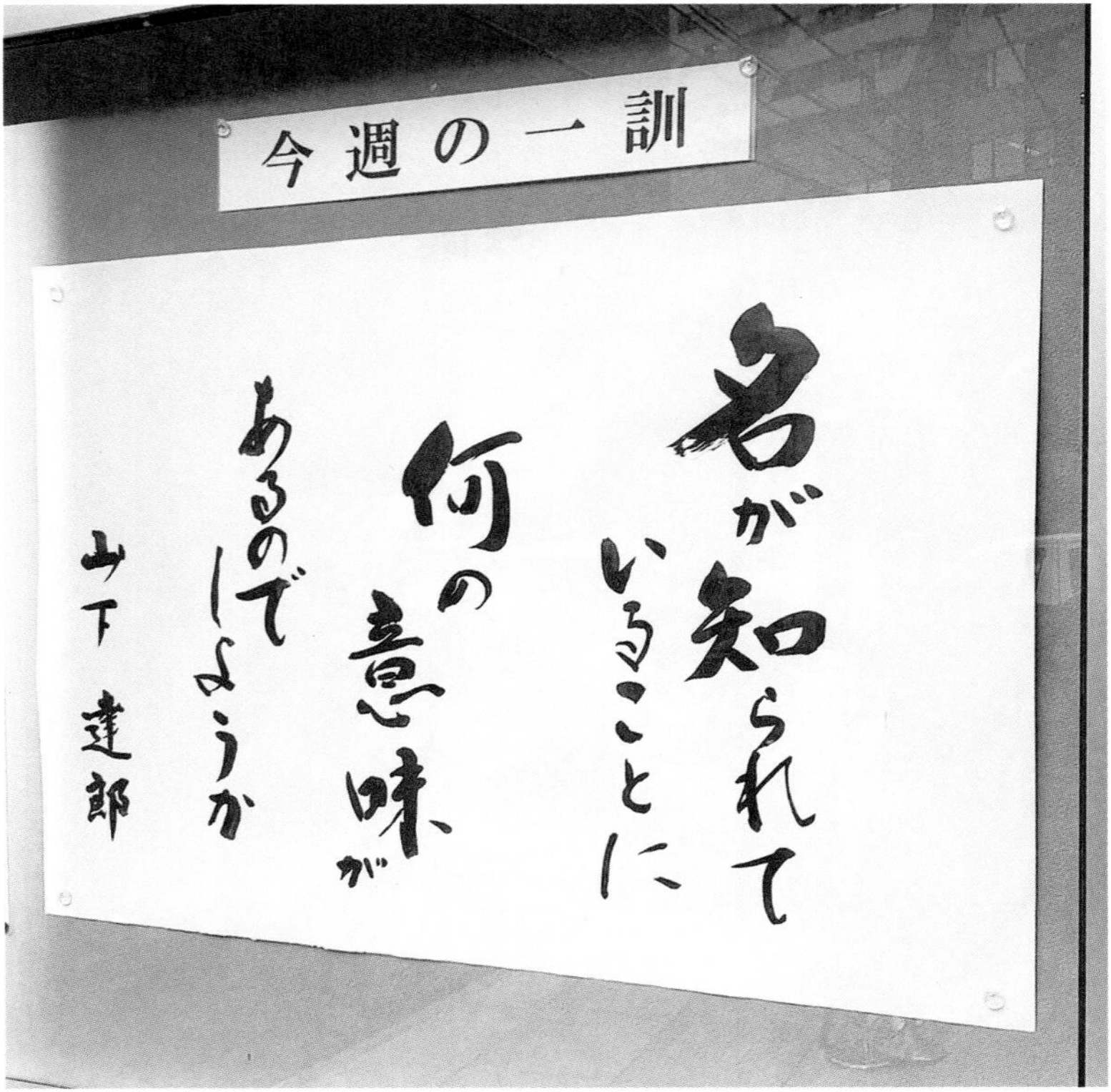
今週の一訓
名が知られて
いることに
何の意味が
あるのでしょうか
山下達郎

仏教伝道協会（東京）
撮影者：江田智昭

山下達郎さんは言わずと知れた日本を代表するミュージシャンです。一九七〇年代に活動を開始して以降、常に良質の音楽を送りだしてきましたが、その間テレビなどのメディアにはほとんど出演することがありませんでした。この掲示板の言葉は、山下達郎さんが以前執筆していた連載の中の一節です。

僕はアーティストという言葉が好きではありません。知識人とか文化人といった、上から目線の「私たちは君たちとは違う」と言わんばかりの呼称も全く受け入れられない。名が知られていることに何の意味があるのでしょうか。市井の黙々と真面目に働いている人間が一番偉い。それが僕の信念です。（『朝日新聞』二〇一一年八月七日）

山下達郎さんは日本のミュージックシーンの第一線に立ちながらも、これまであまりメディアには登場せずに曲を作り続けてきました。このような姿勢を保ち続けられる人は世の中で本当にごく少数だと思います。やはり、ほとんどの人が表舞台に立って有名になりたい、名声を得たいという気持ちを心のどこかに持っているのではないでしょうか。

親鸞聖人は『教行信証』の中で「名利の太山に迷惑して」とおっしゃっていますが、私たちは常に名利（名誉欲や利益欲）に振り回される存在で、それは齢を重ねても消えるものではありません。そんな名利を戒めることについての恵心僧都源信の有名なエピソードがあります。

源信は若い頃から豊かな才覚を発揮し、十五歳のときに「法華《ほっけ》八講」の講師の機会を与えられました。その講義を聴いた村上天皇は源信の才能に感激し、心から褒めたたえます。

源信はこのことを大いに喜び、天皇から下賜された品物を故郷の母親に送ったところ、母親はすぐに品物を手紙と一緒に送り返してきたのです。

その手紙には「後の世を渡す橋とぞ思いしに　世渡る僧となるぞ悲しき」と書かれてありました。この歌は「あなたには人々の後世を救う立派な僧侶になってほしいと思っていたのに、出世してうまく世渡りしていくようなお坊さんになってしまっていることが悲しい」という意味が込められています。手紙を読んだ源信は、それ以降比叡山の中の奥深い横川《よかわ》に隠棲し、終生その地を離れることはありませんでした。

おそらく母親も息子の活躍を心の底では大変喜んでいたことでしょう。しかし、その気持ちを抑え、歌を通して「あなた（僧侶）の本来の目的は何ですか？」と厳しく尋ねたのです。人間は名声・栄誉を得ると、それらに溺れ、本来の目的を見失いがちです。きっと母親にはそのことがわかっていたのでしょう。その後、源信は『往生要集』などの名著を残し、その時代を代表する僧侶になったことは言うまでもありません。

山下達郎さんは「何のために音楽をやるのか、表現者としてどんな音楽活動をしていくのか」を常に自らに問いかけてきたそうです。五十年近くにわたって妥協を許さない音楽作りを一貫して続けるためには自分自身への問いかけが必要不可欠なのでしょう。

SNSなどが存在する現代は、名利や承認欲求が無意識に拡大し、周囲の意思に振り回されてしまいがちです。私たちは死ぬまで名利に惑わされ続ける存在だからこそ、常に「自分自身の本来の目的（初心）は何か？」と厳しく問うことが求められるのです。

28

ボブ・マーリーの詩情

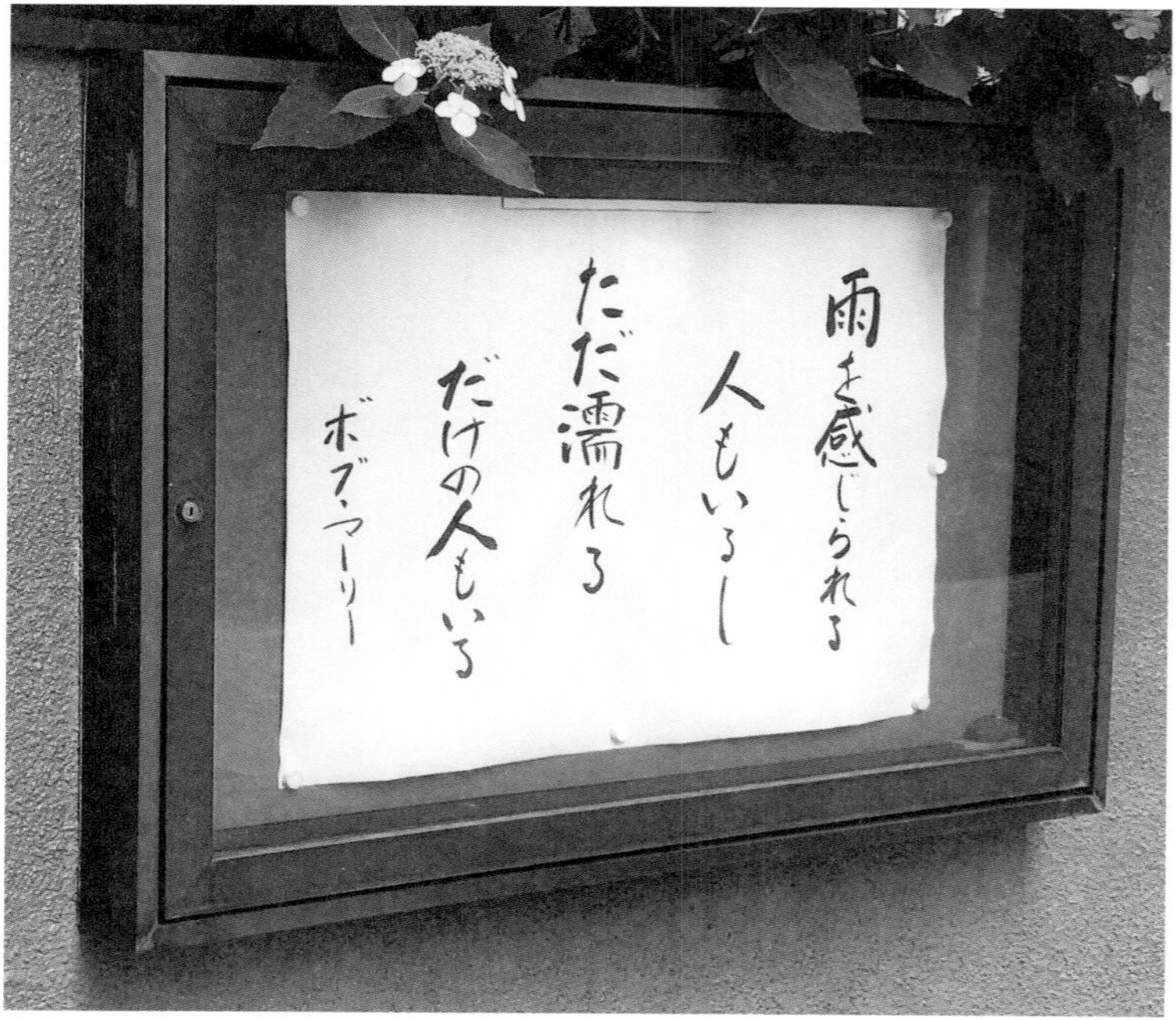

雨を感じられる
人もいるし
ただ濡れる
だけの人もいる
ボブ・マーリー

安楽寺（東京）
投稿者：@anraku_ji

レゲエの神様とも呼ばれるボブ・マーリーの『CATCH THE FREEDOM』というメッセージ集に掲載されている言葉です。安楽寺さんの投稿には以下のコメントが添えられていました。

ちゃんと「感じられる人」でいたいと思いました。当たり前と思っている自分はご恩に気づけず、ありがとうの言葉が出てきませんでした。

確かに雨でも何でも周りのものを当たり前と思って生きていると、それらに対する有難さを感じることができず、感謝できなくなってしまいます。また、「おかげさま」の気持ちを失うと、ふとした感動や幸福が生まれづらくなります。

万有引力を発見したことで有名なアイザック・ニュートンは、その手紙の中で以下の有名な言葉を残しています。

私がかなたを見渡せたのだとしたら、それはひとえに巨人の肩の上に乗っていたからです。

(If I have seen further, it is by standing on the shoulders of giants.)

これは自分自身による発見以前に無数の先人たちの努力の積み重ねがあり、その巨人の肩の上に乗っていたからこそ新しい発見ができたということを意味しています。発見を自分一人の手柄だと思わず、「多くの先人のおかげ」という感謝の気持ちをニュートンは持っていたことが分かります。まさに「おかげさま」の感覚ですね。この感覚は先人の努力や業績を当たり前のものと思っていたら、決して出てこないものでしょう。

ちなみに「おかげさま」という言

葉は英訳することが非常に難しいそうです。なぜなら日本語の「おかげさま」という言葉には目に見えない神仏のおかげという意味も含まれているからです。

　日本人は「おかげさまで○○させて頂きました」という言い方をよくしますが、以前この語法は浄土真宗の教義上から出たものであると司馬遼太郎氏が自身の著書の中で指摘していました。

　真宗においては、すべて阿弥陀如来――他力――によって生かしていただいている。三度の食事も、阿弥陀如来のお蔭でおいしくいただき、家族もろとも息災に過ごさせていただき、ときにはお寺で本山からの説教師の説教を聞かせていただき、途中、用があって帰らせていただき、夜は九時に寝かせていただく。この語法は、絶対他力を想定してしか成立しない。それによって「お蔭」が成立し、「お蔭」という観念があればこそ、「地下鉄で虎ノ門までゆかせて頂きました」などと言う。相手の銭で乗ったわけではない。自分の足と銭で地下鉄に乗ったのに、「頂きました」などというのは、他力への信仰が存在するためである。もっともいまは語法だけになっている。

（司馬遼太郎『街道をゆく24　近江散歩、奈良散歩』、朝日文庫）

　最後に「いまは語法だけになっている」とおっしゃっています。司馬氏の率直な見解なのでしょうが、なかなか厳しい見方ですね。

　決して表面上の語法だけでなく、心の中で「おかげさま」としっかり感じて、自分を取り巻く様々な物に対して感謝できる人間でありたいものです。

29

オードリー・ヘップバーンの「二つの手」

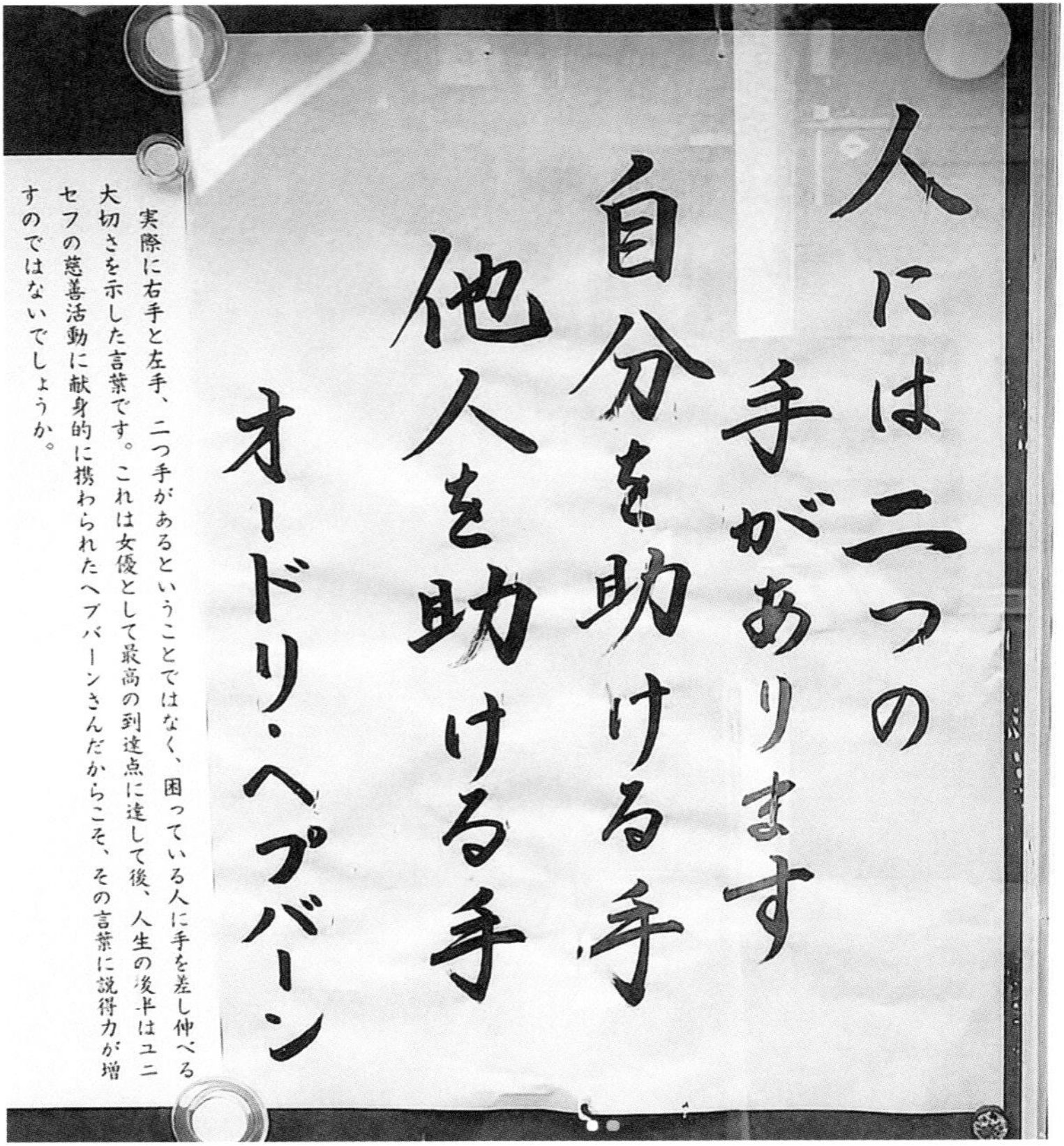
人には二つの
手があります
自分を助ける手
他人を助ける手
オードリ・ヘプバーン
実際に右手と左手、二つ手があるということではなく、困っている人に手を差し伸べる大切さを示した言葉です。これは女優として最高の到達点に達して後、人生の後半はユニセフの慈善活動に献身的に携わられたヘプバーンさんだからこそ、その言葉に説得力が増すのではないでしょうか。

眞光寺（大阪）
投稿者：shinkouji_

これは俳優のオードリー・ヘップバーンが晩年息子に読み聞かせたサム・レヴェンソンの詩の一節です。

人は年を取るにつれて
自分には二つの手があることに気づきます
一つは自分自身を支えるため
もう一つの手は他の人を支えるため

オードリー・ヘップバーンが『ローマの休日』などの多くの映画に主演した大スターであることはみなさんもご存じだと思いますが、彼女は俳優活動を引退後、最貧国などを回り、恵まれない人々に対して積極的な支援活動を行いました。ユニセフ親善大使の依頼を受けたとき、「私は全人生をこの仕事のためにリハーサルしてきて、ついに役を得たのよ」と言ったそうです。きっと他者を助ける活動こそが人生の真の目的だと感じたのでしょう。

伝教大師最澄が著した『山家学生式《さんげがくしょうしき》』の中に「忘己利他」という言葉があります。これは自己のことを忘れて、利他に励むということであり、これこそが「究極の慈悲」にあたるそうです。

オードリー・ヘップバーンは人生の後半で、まさにこの利他に励んだといえるでしょう。しかし、自己（自利）を完全に忘れて純粋に利他に励むのは、とてつもなく困難なことです。

言葉の上では「自分を助ける手（自利）」と「他人を助ける手（利他）」を簡単に分けることができますが、この二つは決して明確に分かれているものではありません。私も以前、ボランティア活動をしていたときに身をもって学んだのですが、見返りを求めず他者の為に活動をする中で、他者から大変感謝され、それによって大きな幸せ（自利）を頂いたという実感がありました。

また、利他的な活動をしていたと言っても、やはり「社会的な評価を得たい」という利己的な気持ちが少しは潜んでいたので、純粋な「利他」は存在しないということを活動の中で痛感しました。

つまり、「自利」と「利他」は完全に区別できるものではないのです。一切の自利を忘れて、純粋な利他の活動（究極の慈悲）を実践できるのはおそらく仏様だけでしょう。ですから、一般的に大乗仏教では自利と利他の双方が円満となるような活動が求められます。つまり、「自分を助ける手（自利）」と「他人を助ける手（利他）」をバランスよく動かして人々や社会に貢献するのです。

オードリー・ヘップバーンは死期が目前に迫ったクリスマスイブにこの「二つの手」の話を息子たちにしたそうです。普段忙しい生活を送っていると、「自分を助ける手（自利）」ばかりに意識がいってしまい、「他人を助ける手（利他）」の存在を忘れてしまいがちになります。既に食事もできないほどに衰弱した状態でしたが、「他人を助ける手（利他）」の重要性を最後に子どもたちに伝えたかったのでしょう。

彼女はエゴが渦巻く華やかな映画の世界の中ではなく、恵まれない人へのボランティア活動を実践する中に真の生きがいや大きな喜びを見出しました。

私たちに完璧な利他の活動は不可能かもしれませんが、そのまねごとをすることはできます。「自分を助ける手」ばかりに目を向けるのではなく、「他人を助ける手」の存在を常に忘れない人間になりたいものです。

おわりに

本書は、ダイヤモンド・オンラインに連載中の『お寺の掲示板』の深〜いお言葉」の一部を加筆・修正したものです。この連載は二〇一八年十月にスタートし、最初から一貫して「満員電車の中で仏教を全く知らないビジネス・パーソンがスマホで仏教に触れる」というコンセプトの下に執筆しています。

私自身は浄土真宗本願寺派の僧侶ですが、この連載の中ではできるかぎり様々な宗派のお寺の掲示板を扱うことをポリシーにしています。とはいえ、本書を読んで、掲示板が浄土真宗のお寺に偏っていると思った方もいらっしゃるかもしれません。

浄土真宗は他の宗派に比べて、昔から掲示板を使った伝道活動に力を入れていたという経緯があり、現在、掲示板大賞に投稿される作品の約八割以上は浄土真宗のお寺に掲出されたものです。話題を呼んだキャッチーな掲示板のほとんどが浄土真宗のお寺の作品ということもあり、その影響で浄土真宗の教えに関連した解説が本書では多くなっています。浄土真宗の一僧侶としては嬉しい部分でもあるのですが、「お寺の掲示板大賞」はあくまで超宗派の企画ですので、浄土真宗以外の宗派からの数多くの投稿を心よりお待ちしております。

本書の構成は前作『お寺の掲示板』を踏襲しています。前作を読んだ方から、「掲示板の言葉や解説を読んでいて耳が痛かった」という感想を数多くいただきました。「耳が痛い」ということは、自分の問題として掲示板の言葉や教えをしっかり捉えているということであり、それはある意味、正しい姿勢で教えに触れていることの表れでもあります。

仏教に触れることとは、必ずしも気持ちの良いことばかりではありません。社会には多くの情報や言葉が溢れていますが、自分にとって耳ざわりのよいものばかりに耳を傾けるのではなく、たまには本書を読み返し、耳が痛くなるような掲示板の言葉に接することによって、自己を内省する機会をつくっていただければ幸いです。

本書を刊行するにあたって、ダイヤモンド・オンラインの連載を担当しているスタッフの皆様より温かいご支援をいただき、武蔵野大学教授の石上和敬先生と武蔵野大学准教授の前田壽雄先生には内容のチェックをしていただきました。そして、コラム「『掲示板の達人』〜」には、和田隆恩師、松﨑智海師、池口龍法師にコメントを寄せていただきました。厚く御礼を申しあげます。また、前作に引き続き本書のプロデュースは、新潮社の金寿煥さんです。

そしてなによりも、掲載許可をいただいたお寺様のご協力なくして絶対に本書を刊行することはできませんでした。掲示板の文言を実際に書かれ、掲示された寺院関係者の皆様、それを撮影された投稿者の皆様に深く御礼申し上げます。

最後に掲示板を使った伝道活動を熱心に実践している全ての寺院様に満腔の敬意を表するとともに「お寺の掲示板大賞」にご協力いただいている全ての皆様に心より感謝申し上げます。

二〇二一年八月

江田智昭

江田智昭（えだ・ともあき）

1976年福岡県生まれ。浄土真宗本願寺派僧侶。早稲田大学社会科学部・第一文学部東洋哲学専修卒。2007年より築地本願寺内の（一社）仏教総合研究所事務局、2011～2017年にデュッセルドルフのドイツ恵光寺、2017年8月より（公財）仏教伝道協会に勤務。著書に『お寺の掲示板』がある。

お寺《てら》の掲示板《けいじばん》　諸法無我《しょほうむが》

発　行　2021年　9月25日
5　刷　2023年12月25日

著　者　江田智昭《えだともあき》

発行者　佐藤隆信
発行所　株式会社新潮社
〒162-8711　東京都新宿区矢来町71
電話　編集部　03-3266-5611
読者係　03-3266-5111
https://www.shinchosha.co.jp
装　幀　新潮社装幀室
組　版　新潮社デジタル編集支援室

印刷所　半七写真印刷工業株式会社
製本所　加藤製本株式会社

©Tomoaki Eda 2021, Printed in Japan
乱丁・落丁本は、ご面倒ですが小社読者係宛にお送り下さい。
送料小社負担にてお取替えいたします。
価格はカバーに表示してあります。
ISBN 978-4-10-352872-2 C0015